無印良品のPDCA

一冊の手帳で常勝経営を仕組み化する!

良品計画前会長
松井忠三

毎日新聞出版

はじめに

「社内に仕組みがない」「組織に実行力がない」

年間100回を超す全国の講演先で、経営者や経営幹部、管理職のみなさんから寄せられる悩みの多くは、つきつめるとこの2つに集約されます。

たとえば、会社や店舗に仕組みやマニュアルがなく、それぞれがばらばらのやり方、レベルで仕事をしているような状況はどこでも決して珍しくありません。そこに異動で新しい店長、支店長、マネジメント層が着任したらどうなるか？　当然、それまでのやり方はガラッと変えられて新しい責任者のやり方で一からのスタートを強いられます。そのあおりを食うのはいつでも現場の部下やスタッフたち……。こんな状況では、組織の成長など望むべくもないでしょう。経営幹部や管理職の方々から現場に至るまで、それに気づいているからこそ冒頭のような「悩み」が生まれるのですが、かといってそれを打破する実行力もない。今、多くの組織はこんな状況に陥っているように見えます。

ならば、まずは手っ取り早く他社の優れた仕組みやマニュアルに倣って同様の仕組みを社内で展開すればよいのではないか。そう思うかもしれません。実際に、「いくら払ってもいいから無印良品のマニュアルをもらってこいと社長に言われて来ました」と言われて驚いたこともあります。マニュアルに対する理解が根本から違うのです。他社の取り組みを自社仕様につくり変え、〝血の流れるレベル〟までにものにできる会社は100社に2社もないのです。なぜなら、「仕組み」にしてもマニュアルにしても、一度つくれば未来永劫効果を発揮するようなものではなく、絶えず手をかけて、ようやく根付き、現場で機能するものだからです。無印良品のマニュアル「MUJI《ムジ》GRAM《グラム》」も同じで、いまも社員の自発性に基づいて日々改良を続け、現場で「使える」状態にアップデートされ続けています。この仕組みを組織全体でやりきるには、実行力とそれを支える風土（社員の意識）が必要なのです。

残念ながら、それらを促成するための妙薬などありません。良品計画でも、ただひたすら当たり前のことを当たり前に続けたことが結果に結びついたにすぎません。

たとえばその一つが、この本のテーマでもあるPDCAサイクルを回す仕事のやり方です。皆さんもおなじみの、ビジネスを回すもっとも基本の仕組みです。個人の日々のスケジュールから大きな経営改革、仕組みづくりまで、すべてこのサイクルに沿って動かすことが必須です。

ただし、「当たり前のことを続ける」ことがじつは世間の「当たり前」ではないことも、良品計画の会長の職を辞して、さまざまな組織を客観的に見ていくなかで実感しています。つまり、放っておいて組織で自動的にＰＤＣＡが回ることはないということです。ここでがっかりする必要はありません。当たり前にできないなら、できるようにツールの力を借りてやりきる仕組みをつくればいいからです。

私の場合は、そのカギとなったのが手帳でした。ページをめくって手帳の紙面を見ていただければおわかりになるよう、私は手帳を使うにあたって「手帳術」と呼ばれるようなテクニックを駆使しているわけではありません。スケジュールを順に書き込み、日々そのとおりに動くことはみなさんと少しも変わらないはずです。では、具体的に手帳を使ってＰＤＣＡをどう管理していたのか？　また、どのように日々の仕事や経営と絡めていたのか？　それをお伝えしようとまとめたのが本書です。

日々の仕事のスケジュール管理やマネジメントはいうまでもありませんが、経営改革、風土改革など、さまざまな場面でお役立ていただければ幸いです。

２０１７年10月

松井　忠三

1章 手帳は経営のための「思考基地」

2章 変革のためのDCAP

3章 勝ち続ける仕組みはCAがつくる

4章 風土を変えるDDDD

5章 スパイラル型のPDCAで成長を促進する

装丁／遠藤陽一（ＤＥＳＩＧＮ　ＷＯＲＫＳＨＯＰ　ＪＩＮ）
本文ＤＴＰ／明昌堂
校正／東京出版サービスセンター
編集協力／坂田博史

序章

アナログ手帳と
PDCAの切れない関係

01 手帳とＰＤＣＡのシンプルな関係

あらゆる仕組みにＰＤＣＡを取り入れた良品計画

仕事をするうえで、ＰＤＣＡが重要であることは、ビジネスに携わる人なら誰もがよくご存じでしょう。

ＰＤＣＡとは、ビジネスにさまざまな場面で基本となるサイクル、Ｐｌａｎ（計画）、Ｄｏ（実行）、Ｃｈｅｃｋ（評価）、Ａｃｔｉｏｎ（改善）の頭文字をとって名付けられたフレームワークです。Ｐｌａｎ↓Ｄｏ↓Ｃｈｅｃｋ↓Ａｃｔｉｏｎ……と、タイヤが回るように、グルグルと回し続けることが重要です。

私が良品計画を立て直し、強い組織へと成長させていくなかで常にその仕組みの根幹においていたのも、このＰＤＣＡでした。たとえば、業務マニュアルの「ＭＵＪＩ《ムジ》

GRAM《グラム》」や社内監査や商品開発、販売や生産の管理など、あらゆる仕組みにPDCAを取り入れていました。それらが良品計画の強さを生み出していたことは間違いありません。

しかし、多くの人がその重要性がわかっていても、実際の現場でうまく回せていないのも、また事実です。

たとえば、計画を立ててはみたものの、実行が伴わない……。そんな経験、みなさんも一度や二度はあるでしょう。いわゆる、「計画倒れ」というやつです。そんなときに役に立つのが、誰もが簡単に手に入れることができる「手帳」です。

手帳に毎日の貴重な時間を何に使うのかを書き込み、書かれたスケジュールをそのとおりに一つひとつ実行していけば、ほぼ確実に計画を実行することができます。

もし実行できなかったことがあったとしても、それを再びスケジュールに組み込んで手帳に書き込めば、そこに次の実行の機会が生まれます。これが、Check（評価）であり、Action（改善）です。

つまり、**手帳は実行をサポートするだけでなく、PDCAを回すための強力なツールだということ。**手のひらに収まるサイズながら、じつは経営をも支える仕組みを推進する力を秘めているのです。

● PDCA サイクル

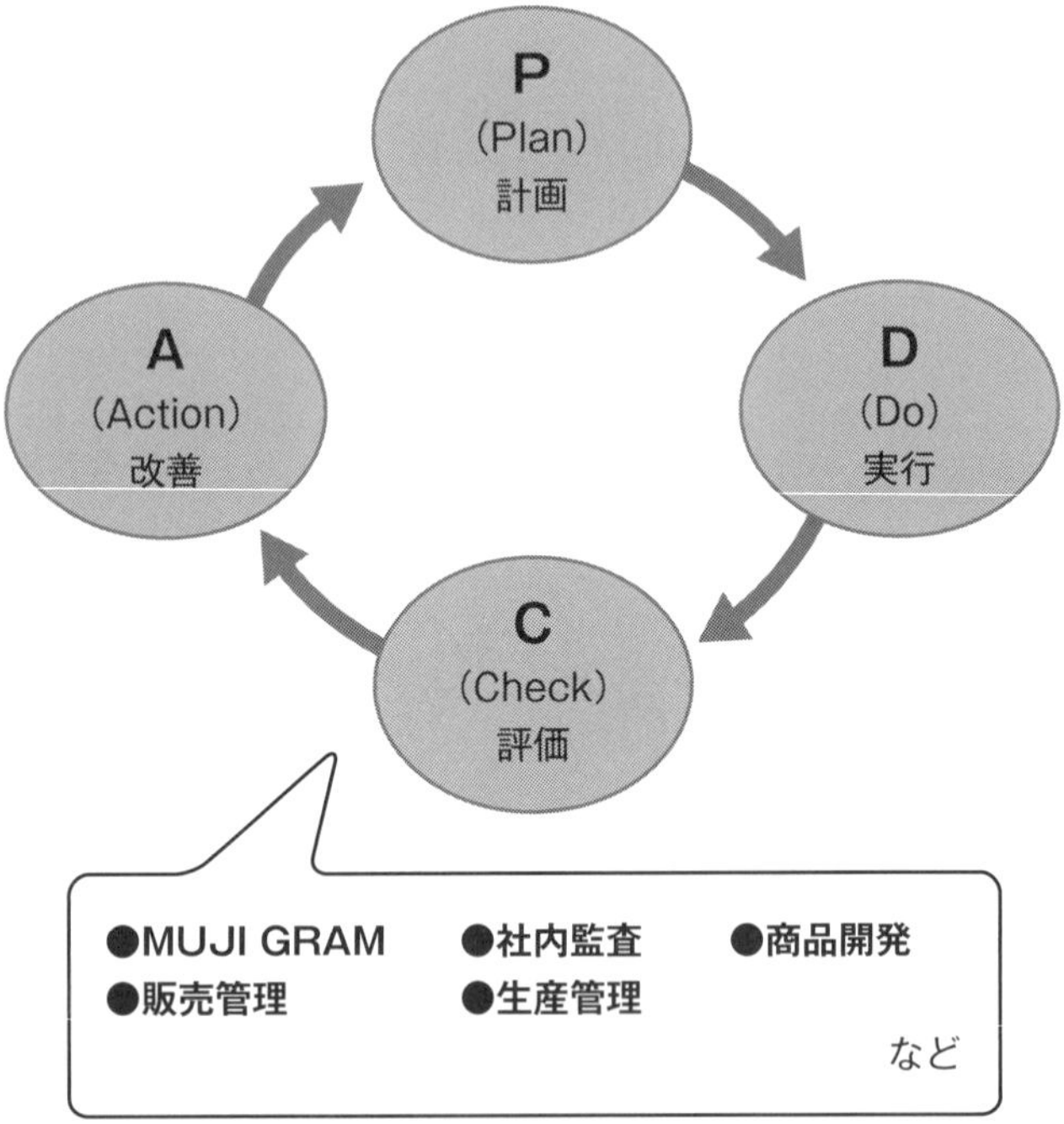
P
(Plan)
計画
D
(Do)
実行
C
(Check)
評価
A
(Action)
改善
●MUJI GRAM
●社内監査
●商品開発
●販売管理
●生産管理
など

02 Ｃｈｅｃｋ（評価）に前年の手帳を使う

売上を左右する天気と気温を記録する

私の場合は、前年の手帳を見ながら、今年の計画を考えます。Ｃｈｅｃｋ（以下Ｃ）に前年の手帳を使うのです。このため、私は前年の手帳を常に机の引き出しの中に入れていました。では、前年の手帳のどこを見るのでしょうか。

たとえば、その一つが、店頭での販売計画を確認する際の指標となる日々の天候です。私は社長に就任する前から必ず手帳にその日の天気を書いていています。晴れの日と雨の日では売上が違いますし、台風が来た日などは売上が間違いなく下がるなど、その日の売上を大きく左右するからです。だから、天気を手帳に書きとめて、売上の増減が天気を理由としたものなのか、そうではないのかもはっきりと区別できるようにしていたの

● 天気や気温を記録する

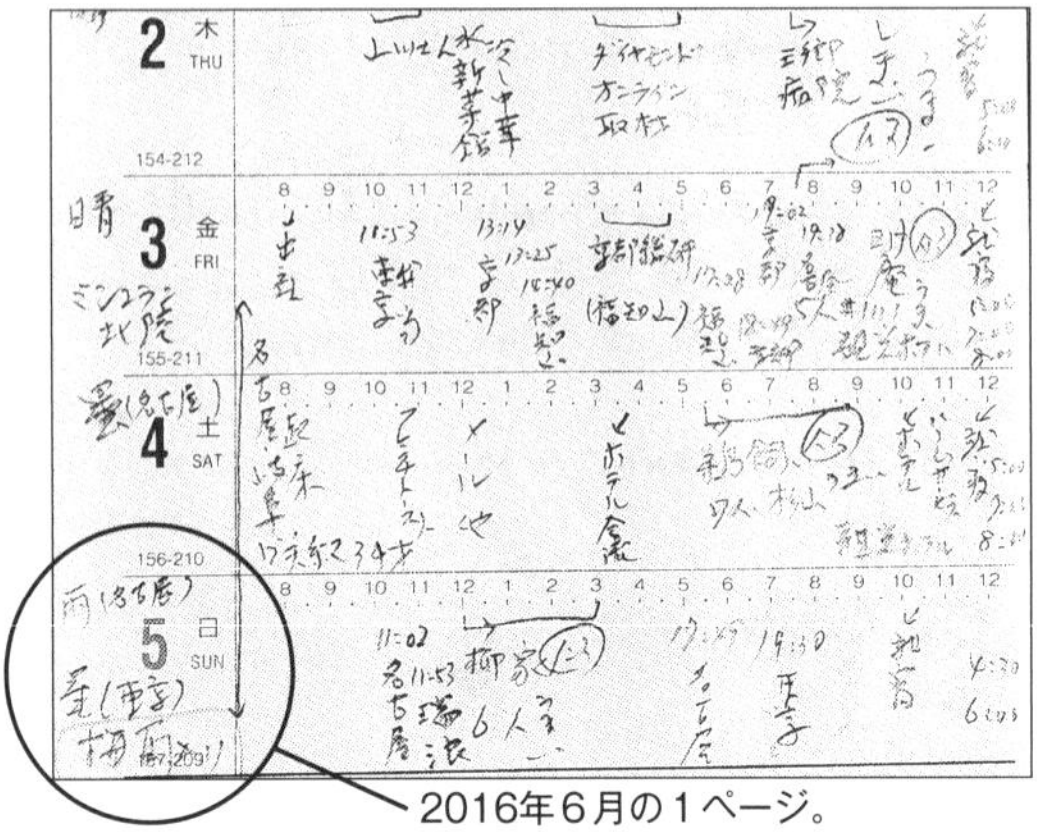

2016年6月の1ページ。
梅雨入りの記録が残っている。

です。

また、梅雨入りや梅雨明け、桜の開花の時期など、季節に関わるトピックも手帳に書いていました。これらが、翌年の施策を考えるヒントになるからです。前年の手帳の同じ頃を見れば、東京の梅雨入りが何日だったかわかります。今年の梅雨入りが前年より1週間早ければ、傘はもちろん、防水スプレーなど、梅雨向け商品を1週間早く店頭へ出さなければなりません。逆に1週間遅ければ、それに合わせて商品を店頭に出すのを遅らせる必要があります。こうした細かなチェックと次のアクションを適宜、適切に行うことが私たちの商売ではとても大事です。

もちろん営業資料には天候の情報も記載されていますが、いちいち資料を引っ張り出して確認するのは一手間かかります。その点、手帳に記録されていれば、取り出してぱらぱらとめくるだけですから、ものの数秒とかかりません。

前年の手帳を見て、梅雨入りの時期をあらかじめ把握しておいたり、昨年は冷夏だった、暖冬だったということを確認しておけば、臨機応変に対策が打てます。今年の施策を考えるために前年の手帳が役立つのです。

昨年と同じ行事は「進化しているか？」をチェック

もちろん前年の手帳からわかることは天候だけではありません。同じ時期に何をしていたのかが具体的にわかります。

「この会議で春夏の新商品を決めたな。しかし、今年の春夏の売上は今一つ伸びなかった。来年は柱となるような新商品をつくる必要があるな」

前年の手帳を見ながら、うまくいかなかった打ち手を思い出して、今年は別のやり方を早めから考えて手を打たなければと考えたりもしました。まさに、振り返りの「C」であり、改善の「A」です。

また、仕事にしても、プライベートにしても、1年間のおおまかなスケジュールというのはだいたい同じですから、昨年の手帳を見ていれば、いつ頃に重要な会議があるのかがわかり、2〜3カ月前からそれを視野に入れて動くことができます。

何事も、早め早めに動くことが肝要ですが、**前年の手帳を見ることで、初動を早くすることができるのです。**

成長を妨げる「毎年恒例」をあぶり出す

社長・会長時代は、月曜日の朝一番に秘書とスケジュールの確認と調整を行っていました。このときも、前年の手帳の同じ一週間を見ながら行っていました。

たとえば、そこで報告される入社式といった決まった行事は、間違いなく同じ週で、曜日まで同じことが多いものです。そして、これが問題なのですが、そのメニューもそっくり同じということが往々にしてあります。

管理部門というのは、こうしたスケジュールと内容を組みがちで、そのデメリットに気づかない傾向があります。人こそ替わっているかもしれませんが、同じ式次第に沿って社長、営業本部長、商品部長……という具合に同じ役職の人が同じ順番で話すようでは、何の進歩もありません。

いいえ、進歩がないどころか、同じことを繰り返していると、緊張感がなくなり、入社式は間違いなく劣化します。それは語らずとも新入社員にも伝わるものでしょう。

こうしたことに気づいたら、人事部には、入社式や新入社員研修の内容を見直すように伝え、少しでも進歩するように改善策を考えて実行してもらいます。

もしも仮に営業施策が5年間同じだったら間違いなく致命傷になるはずです。したがって、どの企業でも施策の中身は毎年何かしら変えているはずです。ところがそんな企業ですら、こうした入社式や階層別研修、各種会議などは、「毎年恒例」という名のもとに、まったく同じことを毎年繰り返しているケースが多いのです。

企業も人も、「毎年進化」しなければなりません。そのためには、「毎年恒例」ではダメなのです。

日々、**PDCAを回して、「毎日少しずつ進化する」ことが、「毎年進化」につながります。**手帳は、このPDCAを回すための強力なツールなのです。

03 手帳の利点は「統一性」「連続性」「記録性」

なぜ毎年同じ型の手帳を選ぶのか?

前年の手帳を見ながら、今年の計画を考えるためには、手帳は同じ体裁のほうが好都合です。なぜか? それは手帳を毎年違う種類のものに変えてしまうと、比較が簡単にできなくなってしまうからです。

だから私は、1992年から2018年まで、同じ型の能率手帳(現NOLTY)を使い続けています。そして、今でも27冊の手帳をすべて手元で大事に保管しています。

様々な情報が同じ体裁の手帳の決まった書式に収められている「統一性」、日々の情報が切れることなくつながっている「連続性」、過去と比較できる「記録性」の3つが、経営においても、個人の仕事においても大切だと私は考えています。

たとえば、会社の決算書でも毎年発表する基本的なフォーマットは一緒です。これが毎年ころころ変わったら比較ができなくなってしまいます。**同じフォーマットだからこそ、毎年の数字を追いかけることができ、小さな変化にも瞬時に気づくことができるのです。**

これは何も仕事に限ったことではなく、プライベートでも同じです。同じ手帳を使っていれば、昨年や一昨年と今年を比較することが簡単にできます。

過去の手帳を見て、「毎年この時期に体調を崩しているな」「この時期は夜の会食が増えて体重が増えぎみになるから注意しないと」などと気づけば、それなりに予防線をはることができます。

過去の手帳をとっておいて、ときどき見直すと、こうした気づきや発見が必ずあるものです。

「書けることが限られている」から重要な情報が凝縮する

また、スケジュールをはじめとしたさまざまな情報を一冊で管理できる点も手帳の大きなメリットです。情報をいくつかに分散して管理してしまうと、どこにどの情報があるのかがわからなくなってしまいますが、情報を手帳で一元管理できていれば、いつでも、どこでも必要な情報を確認することができます。

とくに、経営者として日々飛び込んでくる膨大な情報を管理し、会社全体を見る必要があったからこそ、重要な情報を凝縮し、手帳一冊というコンパクトなサイズに集約する必要があったのです。

手帳一冊に書けることは限られています。しかし、このように**「書けることが限られている」からこそ、重要な情報だけを詰め込もうと思うのです。**ノートのようにどんどん書けて、いくらでも冊数を増やせるとなると、どこに何を書いたかがわからなくなってしまい、見直すこと（C）ができません。

一見、たくさん書けるほうがいいように思えますが、量が増えすぎて逆に収拾がつかなくなってしまうのです。

捨てずにとっておいた書類はたった3種類

社長・会長時代でも、手帳のほかは、頻繁に確認したり、場合によっては社外で目を通すこともある経営計画書、商品計画書、出店計画書の３つが手元にあれば、困りませんでした。それ以外の情報は、その都度、必要な書類を用意すればいいのです。

なかでも最も大切なのが経営計画書です。これは年度の初めに発表する経営の計画書です。今年の方針や予算、具体的な目標や施策などが書かれています。この経営計画書も、「統一性」「連続性」「記録性」が重要で、毎年、同じフォーマットでつくっていました。そうすることで過去との比較が容易になるからです。

経営計画書と並んで重要だったのが、経営計画の商品面での骨格をなす商品開発の計画書です。

商品開発は春夏と秋冬に分けて行われるのですが、企画から販売までは約1年かかるので、店頭に投入される1年前に計画が立てられます。

春夏物の計画は、投入される1年前の2～3月頃、秋冬物の計画は1年前の8～9月頃に立てられますから、商品計画書は年に2回つくられていました。

「春夏の商品計画書」は、全体編と衣服雑貨、生活雑貨、食品に分かれていますが、それぞれ10ページ程度と薄いものです。

もう一つ必ず手元に置いていたのが、年に一度つくられる国内と海外への出店計画書です。日本国内に、年間20〜30店、出店していましたが、どこに、どれくらいの規模の店を出すのかを計画した出店計画もまた、経営基盤を左右する重要な計画なので、いつでも確認できるようにしておく必要がありました。

今年の手帳は肌身離さず、昨年の手帳は机の引き出しの中、経営計画書、商品計画書、出店計画書の3つは、過去のものまですぐに見られるようにキャビネットにファイルして管理していました。

良品計画の社長・会長時代、他の書類は時期が来たらすべて捨てていましたが、手帳と同様にこれら3つの計画書だけは捨てずに保管していました。

04 １００％実行されるまで手帳で追いかける

提案書が厚くなるほど現場が白けた理由

良品計画は、西友や西武百貨店などセゾングループの一員でした。このセゾングループを率いたのが堤清二さんです。堤さんは何事にも優れた人で、センスも抜群でした。ただし、その分、要求の水準も高い。たとえば、「5年後、10年後の人事制度をつくれ！」といった指示がきます。もちろん、そこに現場の問題点を羅列して改善点を出しても決して通りません。妄想をたくましくして5年後の人事制度を提案していくのです。

そこで堤さんがＧＯサインを出さないと何も始まらないため、何をするにも提案書という紙の束をつくる必要がありました。しかも、何とかＧＯサインをもらおうと思えば思うほど、紙の枚数が増えます。

ところが、皮肉なことにデスクワークを重ね、提案書が分厚くなるほど、現場から乖離した提案内容になり、仮にGOサインが出ても現場ではなかなか実行できません。

「こんなこと、どうやって実行するんだよ」

実行できるようなことは書いていないため、現場は白けるだけです。こうしたことが続けば、現場の実行力はどんどん低くなっていきます。良品計画の現場も、残念ながら実行力の低い状態でした。紙の多さと実行力は反比例するのです。

極端に言えば良品計画は、計画95％、実行5％の企業だったのです。

これは良品計画に限ったことではありませんが、一般的に、経営者がビジョンや経営方針といった計画を考えて、経営方針発表会などで話しても、**実行してくれるのはせいぜい半分。残り半分の人は実行してくれません。**

計画は、日々の業務に落とし込まなくては実行されず、日々の業務に落とし込まないとPDCAは回り出しさえしないのです。

経営方針を話して、組織が動き出すならこんな簡単なことはありませんが、そんな組織は一切ありません。

したがって、経営者が発表した計画を日々の具体的な業務に落とし込み、日々の行動を通してしか計画は実現しないのです。

計画を立てても放っておけば実行２割

ところが、日々の具体的な業務に落とし込み、「これこれを、いつまでにやってください」と指示を出しても、実際にやってくれるのは、せいぜい８割です。残りの２割の人は、「忙しくてできない」などの言い訳をしながら実行してくれないものです。

指示を命令に変えたり、罰則をつけたりしても、なかなか１００％にはなりません。しかし、やると決めたことを１００％実行できなければ、組織に実行力があるとは言えません。したがって、いかに１００％実行してもらうか、この徹底度こそが経営の仕事なのです。

ではどうすれば、１００％実行してくれるのでしょうか。

それには、**１００％実行してくれるような仕組みと同志をつくるしかありません。**それは決して簡単なことではありません。ですが、**実行力のある組織にしたければ、８割や９割で妥協しては絶対にいけません。**１００％実行されるまで確認し続けるしかないのです。

組織としては、実行してくれない人まで完全にフォローする仕組みをつくり、100%実行してくれるまで仕組みと社風を改善し続けます。

このときにも手帳が役立ちます。会議で、ある計画の実行率が60%だという報告があったとします。そうしたら手帳を見て、次の会議がいつかを確認します。そして、次の会議までにどうすれば100%になるかを話し合い、決まったことを実行してもらいます。

手帳にメモをしておき、次の会議でその計画の実行率を確認するのは言うまでもありません。

「前回の会議で60%の実行率だった、あの計画はどうなった?」

もし、まだ100%になっていないなら、どの店とどの店がまだ実行していないのかを明らかにし、そこで実行を阻んでいる問題点を改善します。

こうして、100%実行となるまで手帳を見ながら現実の課題を何度も何度も修正していくのです。

05 PDCAをともなったスケジュール管理へ

手帳を使ってサイクルを管理する

いかがでしょうか。PDCAの重要性と手帳との関わりについて少しイメージがわいてきたでしょうか。

PDCAは、一度回しただけでは不十分です。ありがちなのは、P↓D↓C↓A↓P↓Dまで回して、「PDCAを回した」と油断して、そこで終わってしまうケースです。

こうした尻切れトンボを防ぎ、PDCAサイクルを回し続けるために役立つのが手帳なのです。PDCAの周期は、それぞれの計画によってさまざまですが、手帳なら3日周期でも、1週間周期でも、2週間周期でも、1カ月周期でも、1年周期でも追いかけ続けることができます。

さらに、物事には周期が定まらないもの、重要度は高いものの緊急度が低いゆえに、つい後回しにされがちなものもあります。不定期な会議や会合、面談など、手帳ならスケジュール管理をすることができます。

実際、私は毎週行われる営業会議はもちろん、2週間に一度の業務標準化委員会や取締役会、四半期に一度の決算発表、半年に一度の商品開発の会議（商品戦略委員会）、年に一度の株主総会など、あらゆるものを手帳でスケジュール管理することで、PDCAを回し続けていました。

単なるスケジュール管理ではなく、PDCAをともなったスケジュール管理である点が重要です。つまり、**前回と同じではなく、必ず前回を上回る実行となるような改善点を考えてから計画を立て実行する**のです。

周期の長いものを振り返って改善点を見出すために、前年の手帳が必要になるのはこのためです。

前回を上回る実行ができれば、組織も人も成長します。次もまた、前回を上回る実行ができれば、さらに組織も人も成長します。こうして、スパイラルアップを繰り返し続けることで、組織も人も成長し続けることができるのです。

1章

手帳は経営のための「思考基地」

01 手帳が「思考の基地」になる理由

シンプルさが思考の自由度を高める

序章では、ＰＤＣＡの大切さと、ＰＤＣＡを回し続けるのに手帳が役立つとお伝えしました。続けて本章では、具体的に手帳をどのように使っていたのかご紹介していきましょう。

私は四半世紀以上、同じ型の手帳を使い続けていますが、そのフォーマットにこだわって、何か特殊な書き方や使い方をしているわけではありません。いたって普通に、左ページでスケジュール管理を行い、右ページにやるべきことや気づいたこと、必要な情報などをメモする。やり方は実にシンプルです。

人によっては、そのときの感情を日記のように手帳にメモしておく人もいるかもしれ

● 基本的な手帳の書き込み例

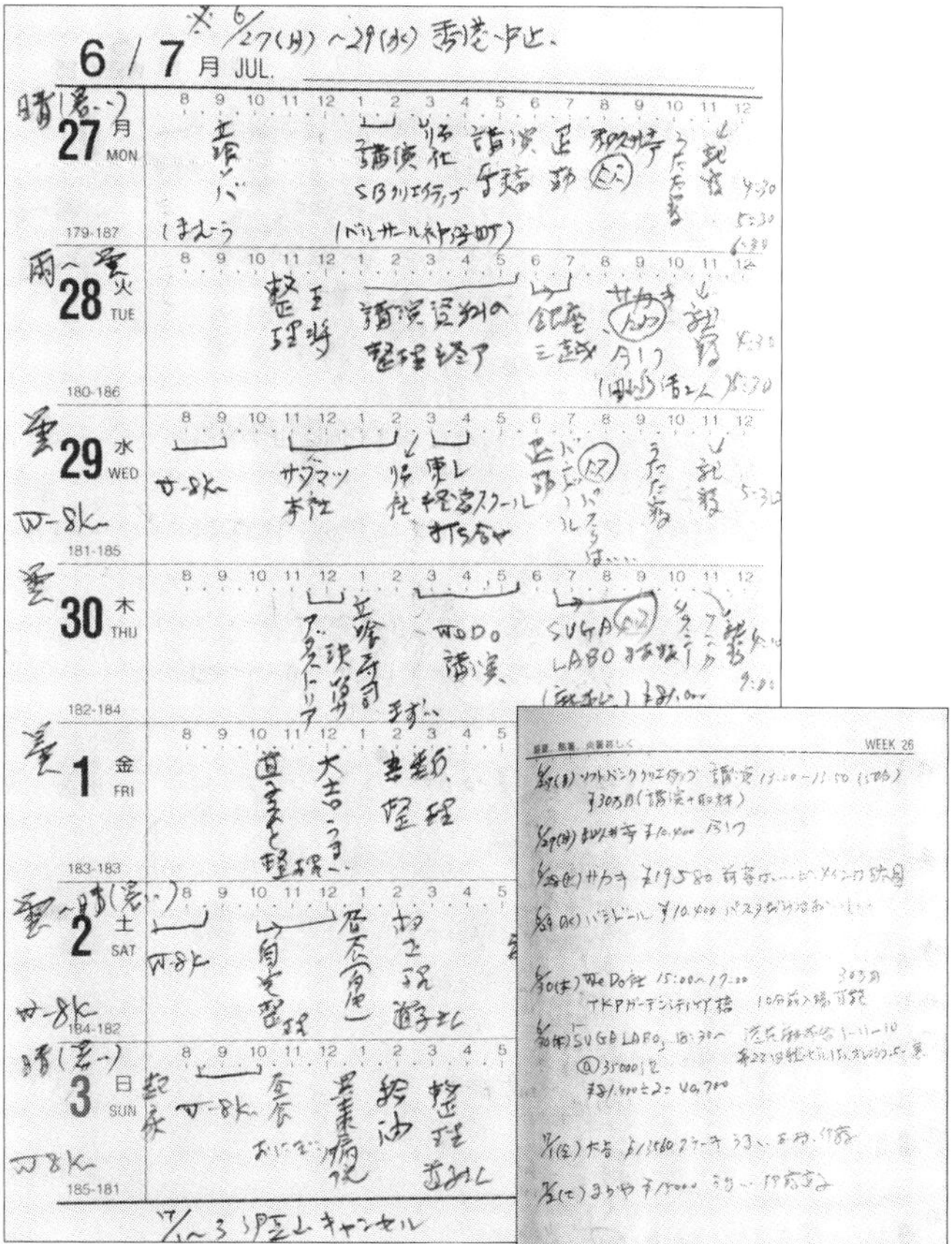

天気、走った距離、起床時間、就寝時間、予定、食べたものなど、淡々と記録している。シャープペンシルで書き込み、色は加えない。

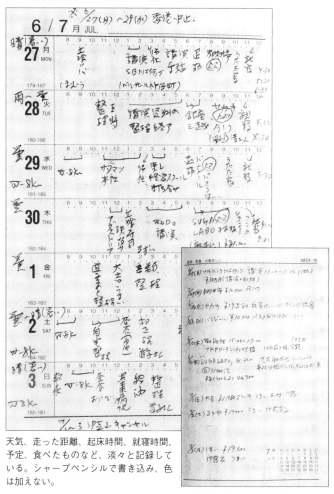

ませんが、私はそうしたことは一切書きません。あくまでも事実ベースの書き込みのみ。このようにお伝えすると、なぜ、ひたすら手帳に事実を淡々と書き込んでいくだけで、PDCAを回すサポートになるのか、経営に必要な考えを巡らすことにつながるのか、そういぶかしく思う方もいらっしゃることでしょう。

しかし、この、シンプルさが、かえって思考の自由度を高める。つまり、**事実だけがスッキリ並んでいるからこそ、そこを基地《ベース》として、PDCAを含む、さまざまな思考を繰り広げていくことができるのです。**

実行力の高い組織をつくるためには、どんな些細なことでも徹底して実行することが重要になります。やると決めたからには、確実にやり抜く。それを積み重ねていくために、手帳で先週、先々週に行ったことを確認します。やり忘れがないか、中途半端になってしまっていることはないか。つまり、Check（評価、以下C）し、Action（改善、以下A）を考えます。

「営業会議」という文字だけでも、そこでのやりとり、決定事項、それが確実に実行されているか、次の営業会議での確認事項を思い出すこともできます。

会食で聞いた話をメモしていたら、それを読み返し、もう一度心に刻みます。ときには、聞いたときとは違うことに気づくこともあります。

今週、来週と先々のページを見ると、これから自分がやること、やるべきこと、つまり、Ｐｌａｎ（計画、以下Ｐ）が書かれています。今週のポイントは何か、来週やることで最重要なことは何かと思いながら見ていけば、自然と仕事の優先順位が決まり、頭の中が整理され仕事の準備が整います。

こうして**手帳を眺めるだけで、頭の中ではＰＤＣＡが回り出すのです。だから、手帳は大事な「思考の基地」となるのです。**

02 確実に実行に移すためのプラン（P）の立て方

大きな予定から書き込んでいく

では、ここから、もう少し具体的に、基本的にどう手帳を使っていたのか。それぞれ、どうPDCAに結び付けていたかご紹介しましょう。

まずは、計画（P）の立て方です。

良品計画は、2月決算でしたから、2月中旬になると翌事業年度の大きな行事の予定がすべて決まります。この年間スケジュールを見ながら、自分に関する項目を手帳のはじめにある「月間予定表」に書き込んでいきます。

年に一度の「良品集会」や「展示会」、毎月行われる「店長会議」などの大きな行事や、出店・閉店のスケジュール、セール期間などもここに書き込みます。そうやって、

● 大→小の順番で予定を書き込む

❶ 月刊予定表のページに大きな行事を書き込む

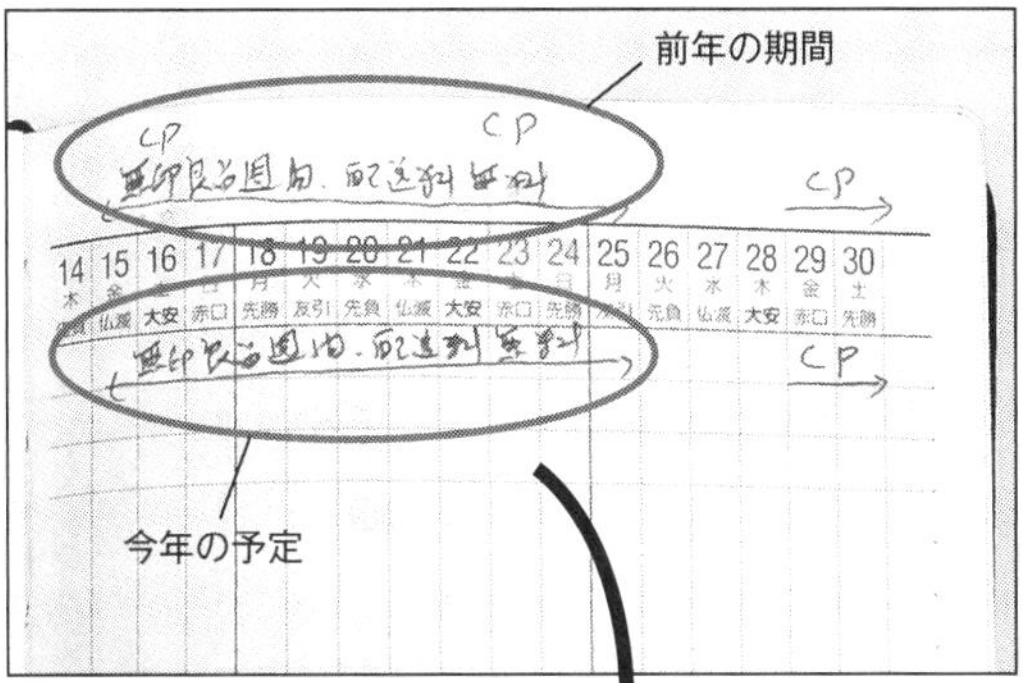

❷ 各週のページに具体的なスケジュールを書き込む

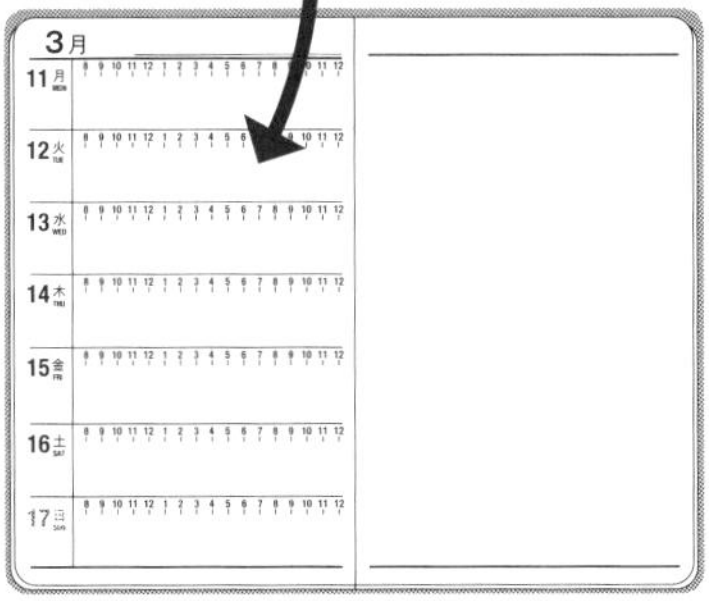

2013年の手帳。「無印良品週間」と書かれている（上）。「無印良品週間」とはセールのことで、営業施策として非常に大事なもの。時期が決まったら真っ先に書き込む。上のほうのスペースに書いてあるのが前年の実施期間で、下に書いてあるのが今年の実施期間。「CP」は「コマーシャルペーパー」のことで、いわゆるチラシのこと。

年間、月間で予定を俯瞰し、把握してから、その予定を基点にして毎週のスケジュール欄に書いていくという手順を踏んでいました。

月曜日に1週間の予定を確認・すり合わせする

1週間の予定は、月曜日に確認します。

ですから社長・会長時代は、月曜日の朝一番に秘書と打ち合わせを行っていました。私は今年の手帳と昨年の手帳を見ながら、秘書は私のスケジュール管理用の大判の手帳を見ながら、これからの1週間のスケジュールをお互いに確認します。

単にスケジュールのすり合わせをするだけではありません。その予定から発生する業務を洗い出すのです。

たとえば、水曜日の午後に他社の方との打ち合わせが入っていたとします。その打ち合わせの趣旨を把握しておくことはいうまでもありませんが、それとともに、相手のプロフィールや会社概要を頭に入れておかなければ打ち合わせの密度も高まりません。初めて会う方であれば、その人に関する資料の手配を秘書に依頼します。資料は、移動の車の中など、スキマ時間を見つけて目を通します。

会食の予定がある場合には、こちらがご馳走をするのか、ご馳走されるのか、それとも割り勘なのかを確認します。ご馳走になるときは、手土産を持って行く必要がありますから、何をいつまでにいくつ用意するのか、といったことを秘書と細かに打ち合わせていました。

秘書は、私との打ち合わせのあと、今度はドライバーや社内外の関係者とスケジュールの調整を行い、手土産や飛行機、新幹線のチケットなどの手配を行います。

つまり、月曜日の最初の数十分は、手帳を使ってスケジュール（P）の確認をしながら、実行すべきこと（D）を次々と洗い出していたことがおわかりになるでしょう。

社長になる前、取締役や常務、専務時代には、業務の打ち合わせは担当の部長や課長と同様のタイミングで行っていました。

チームのリーダーになれば、メンバーの行動をある程度は管理しなければならなくなりますし、誰かと一緒に行動する機会も増えます。時間を効率的に共有するためには、スケジュールの共有が欠かせません。

とはいえ、時間はかけられませんから、月曜日の朝一番に1週間分のスケジュールのすり合わせを行うのが一番効率的ではないでしょうか。社長時代は、30分くらいかかりましたが、チームリーダーならもっと短時間でできるはずです。

予定は「決まったらすぐに書く」のが鉄則

余談ですが、スケジュールを手帳に書くときに大事なことは、「決まったらすぐに書く」。これに尽きます。このわずかな作業を後回しにすると、書き漏れが生じやすくなるからです。

たとえば、メールで会食や面談のスケジュール調整の依頼が送られてきたとしましょう。その場で日時を決められれば、決定した日時を手帳に書き、相手にも返信メールを送りますから問題は起こりません。

ところが、すぐに決められないケースがあります。会食ならレストランの予約を先にとる必要がある場合や、他の流動的な仕事があるため、それが決まってからしか決められないという場合です。

こうしたスケジュール調整が必要なときには、付箋に書いて手帳に貼っておき、決定後に連絡します。

03 実行力（D）を高める工夫①

やるべき仕事は右ページの付箋で管理

ToDoリストは2種の付箋に集約

スケジュールが決まると、それにあわせて「やるべきこと」つまり実行（D）の部分が浮かび上がってきます。

たとえば、まずは、先ほどお伝えしたとおり、決まり次第、会議などの予定を左側のスケジュール欄に書き込みます。すると、必ずそのために必要な作業が発生します。それを右ページにメモしていきます。これに加え、この1週間にやるべき仕事などを一覧にして書いていました。

それが右ページのスペースに収まっているうちはよかったのですが、次第に忙しくなると右ページだけではとても足りず、付箋を使うようになったのです。付箋は、無印良

● 予定とタスクを付箋・手帳と連動させる

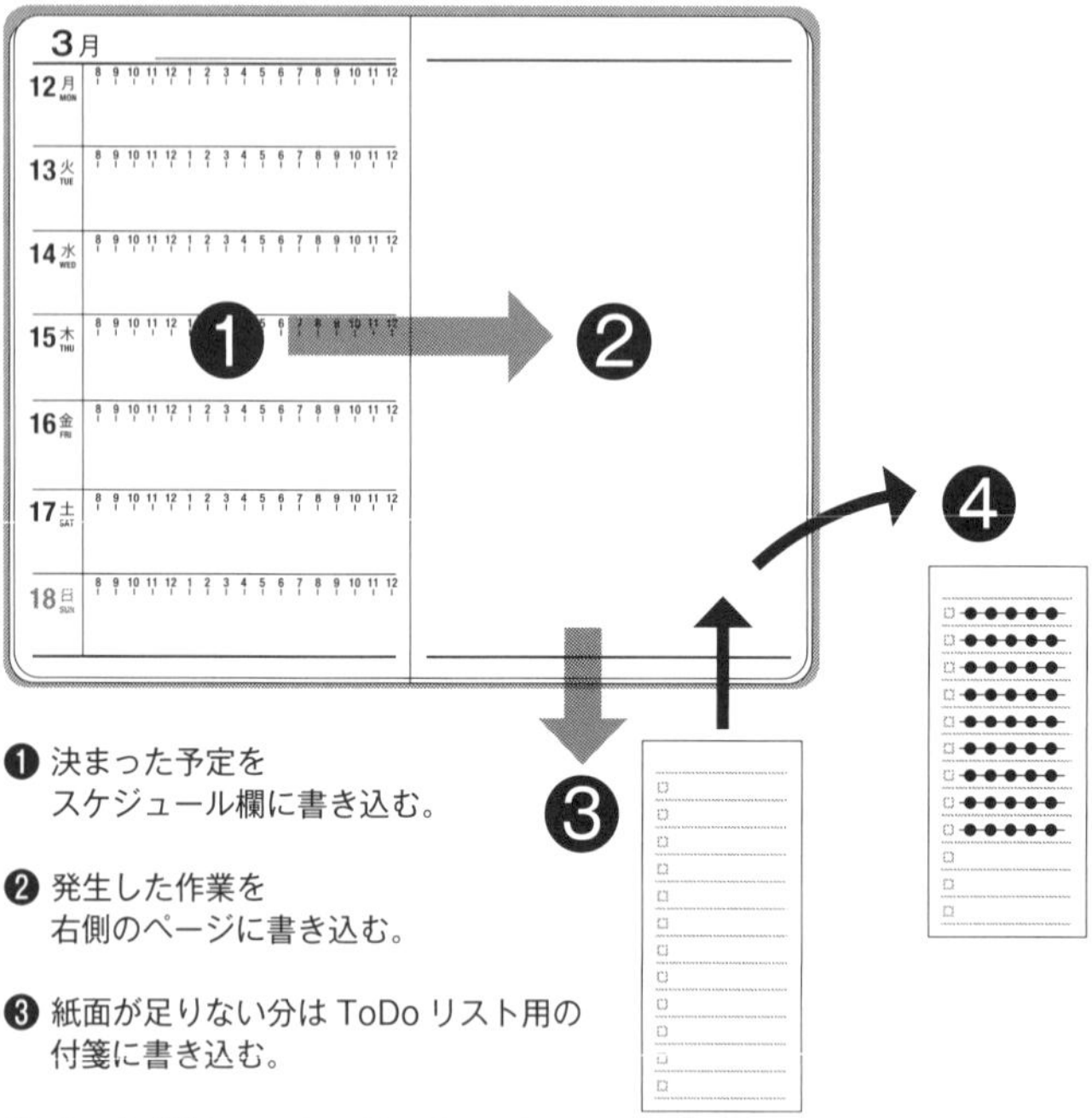

❶ 決まった予定を
スケジュール欄に書き込む。

❷ 発生した作業を
右側のページに書き込む。

❸ 紙面が足りない分は ToDo リスト用の
付箋に書き込む。

❹ タスクが終わったら、線で消し込む。
残りタスクがゼロになったら、付箋は捨てる。
終わらなかったタスクは、翌週に。

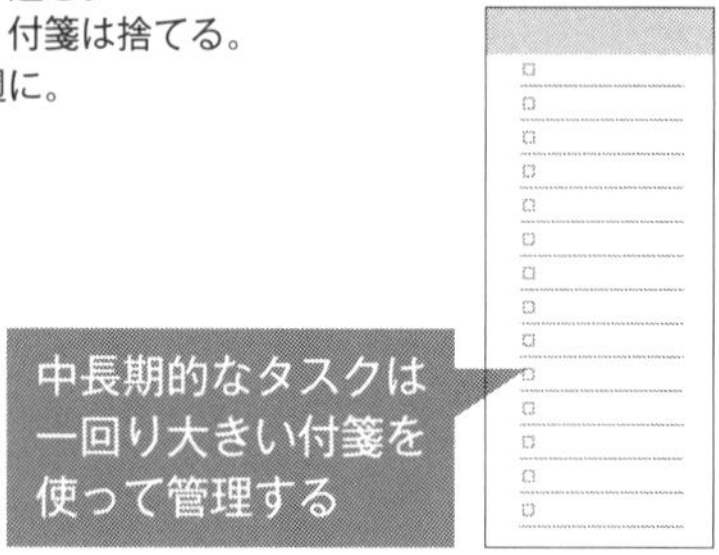

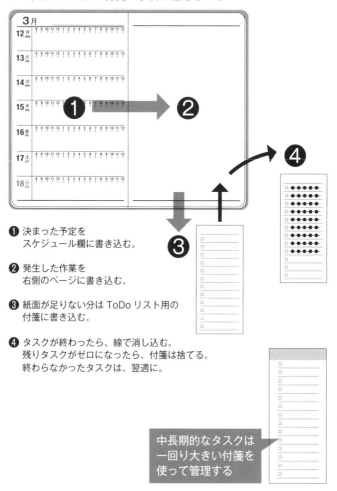

品で販売しているチェックリストです。

付箋に書くことは、記録として残す必要のないこと。1週間で全部やり終えたら、付箋を手帳からはがして捨てます。やり残しがあれば、次の週の付箋に書き加えます。

やるべき仕事には、すぐにやる必要はないけれども、2〜3カ月以内には必ずやらなければならない仕事もあります。こうした中期的な仕事は別の少し大きな付箋に書いて手帳に貼っていました。

社長時代は、その週にやるべき仕事が書いてある付箋をその週の右ページに貼り、翌週にやるべき仕事が書いてある付箋を翌週の右ページに貼り、中期的な仕事が書いてある付箋をさらにその翌週の右ページに貼っていました。合計3枚の付箋が手帳の右ページに貼られていたことになります。

これで自分のやるべき仕事は、3つに分けられ、すべて一目瞭然となります。ですから、左ページのスケジュール欄を見ながら、時間をつくってやるべき仕事を一つひとつこなしていけば、仕事を漏れなく完全に終わらせることができます。

やるべき仕事を付箋に書いて貼っておくと、自然と日に何度も見ることになり、無理なく頭の中に刷り込まれます。しかも、数カ月先の仕事まで視野に入れて意識することができるので、仕事をコントロールしやすくなり、常に少しの余裕をもって仕事に取り組むことができます。つまり、仕事に追われることが少なくなり、逆に、仕事を追いかけることができるようになるのです。

土日で仕事の振り返りと改善をして次週につなげる

手帳にスケジュールとやるべき仕事を書き、それらを一つひとつ確実に実行する。そして、土日のどちらかで、その週を振り返り、やり残しがあれば、そのときやるか、翌週のページに書き移し、その週の付箋は捨ててしまいます。

翌週のスケジュールと付箋を見ながら、必要な準備を行うのも、この土日のどちらかです。さらに先のスケジュールや中期的な仕事が書いてある付箋をパラパラと見ることで、中長期のスケジュールをざっと頭に入れて大まかな段取りを考えることもできます。

たとえ同じ状況に置かれても、先が見えないと人はあせりがちに、ある程度見通せていると、逆に心にゆとりが生まれます。この違いが意外に大きいのです。

特別なことをやっているわけではなく、誰にでもできることばかりですが、これだけで確実に仕事のスタートが早くなり実行力が高まることは間違いありません。

記入場所の一工夫で実行力アップ

店舗を回っていると、商品部や販売部、店舗開発部などに伝えるべきことに気づくことがあります。こうした気づきも、手帳の右ページにメモしておきました。せっかく気づいたことを伝え忘れないためです。

ポイントは、気づいたことを気づいた日の見開きに書くのではなく、伝えることができる予定の週の右ページに書く点です。商品部に伝えたいことなら、商品部長と次に会う予定の週の右ページに書いておきます。

会議で伝えるべきことや会食や面談のときに聞きたいことなども、その予定の日の右ページに書いておけば、伝え忘れや聞き忘れを防ぐことができます。

やるべき仕事をやり終えたら、棒線で消します。伝えるべきことなども伝えたら棒線で消します。この「棒線で消す」作業が私は好きで、やるべき仕事がどんどん消えることで、わずかではありますが充実感や達成感を味わうことができました。

やり切ること、実行しきることは成果につなげる最大のポイントですが、自分自身の満足度を大きく上げることにもなります。

04 実行力（D）を高める工夫②

会議の予定は週の前半にまとめる

行動パターンを周囲と共有するメリットとは

さて、みなさんは、毎週のご自身の予定を見直してみて、何らかの傾向やパターンなどが見えてくるでしょうか?

私の場合は自分でそう決められる立場にあったこともありますが、会社にいなければできない用事は、できるだけ週の前半にまとめていました。

40ページでお伝えしたとおり、月曜日は秘書とのスケジュールのすり合わせを朝一番にすませ、その後、朝会、営業会議と続いていきます。1週間を俯瞰してみると、これらの社内での会議は、月曜、火曜、水曜の午前中までに集中させ、水曜の午後から木曜、金曜は逆に、社外での仕事を行うようにしていました。

こうして、スケジュールをわかりやすく分けておけば、自分も予定が立てやすいだけでなく、周囲にとってもメリットがあります。たとえば、私に用事がある社員の側でも「今日は火曜日だから、社長は社内にいるはずだ。どこかで時間をもらおう」「週の後半は社内で相談する時間がないから早めにあの件を耳に入れておこう」といった判断がしやすくなるのです。

最近は、ウェブ上のスケジューラーなどで予定を部内や社内で共有する企業も増えてきましたが、このように、自分のスケジュールを他人にもわかりやすくしておくことは、「上司」の立場にある人にとっては非常に大事なことです。社内にいる曜日、いない曜日、午前中は社内で午後は社外など、上司が自分のスケジュールをわかりやすくしておくと、部下は助かるものなのです。

週の後半は新店やライバル店の視察

では、水曜日の午後以降、つまり週の後半は社外でどんな活動に時間を充てていたのでしょうか。

その外出の一番の目的は、ライバル店の視察や新しい店を出す物件などの下見です。書類上のチェックは当然のこととして、やはり最終決定は物件を実際に見てみないことには下せません。

年間30件以上は見に行ったでしょうか。国内とはいえ全国規模になりますから、ここでも計画的なスケジュールづくりが求められます。

さすがに海外については、すべての候補地には行けないので、新しい国に初めて店を出すときと、旗艦店を出すときだけに絞って足を運びました。これ以外に、来客や私が他社を訪問することもありましたが、およそ1週間の半分が社内で、半分が社外というのが、私の社長・会長時代のスケジュールでした。

05 時間の有効活用①
食事の時間はコミュニケーションに使う

大事な話がなくても時間を共にするのがポイント

52ページの写真でもおわかりになるように、経営者のスケジュールは分刻みで進みます。社員はおろか、役員たちともじっくりと向き合いたいと思っても、実際はなかなかコミュニケーションにまとまった時間を割くことはかないません。

そこで、限られた時間を有効に使うため、私の会長時代は、月曜のランチは社長と一緒にとると決めていました。**大事な話がなくても、週に一度は時間を共有して意思疎通をはかる時間を持つ。**それが、会長と社長の関係なのです。とはいえ、お互いに会議が続き、なかなか時間の確保もおぼつかない。そこで思いついたのが、誰もが必ず1日の予定に組み込むランチをその時間に充てるという方法でした。

● 会議やコミュニケーションのための予定の入れ方例

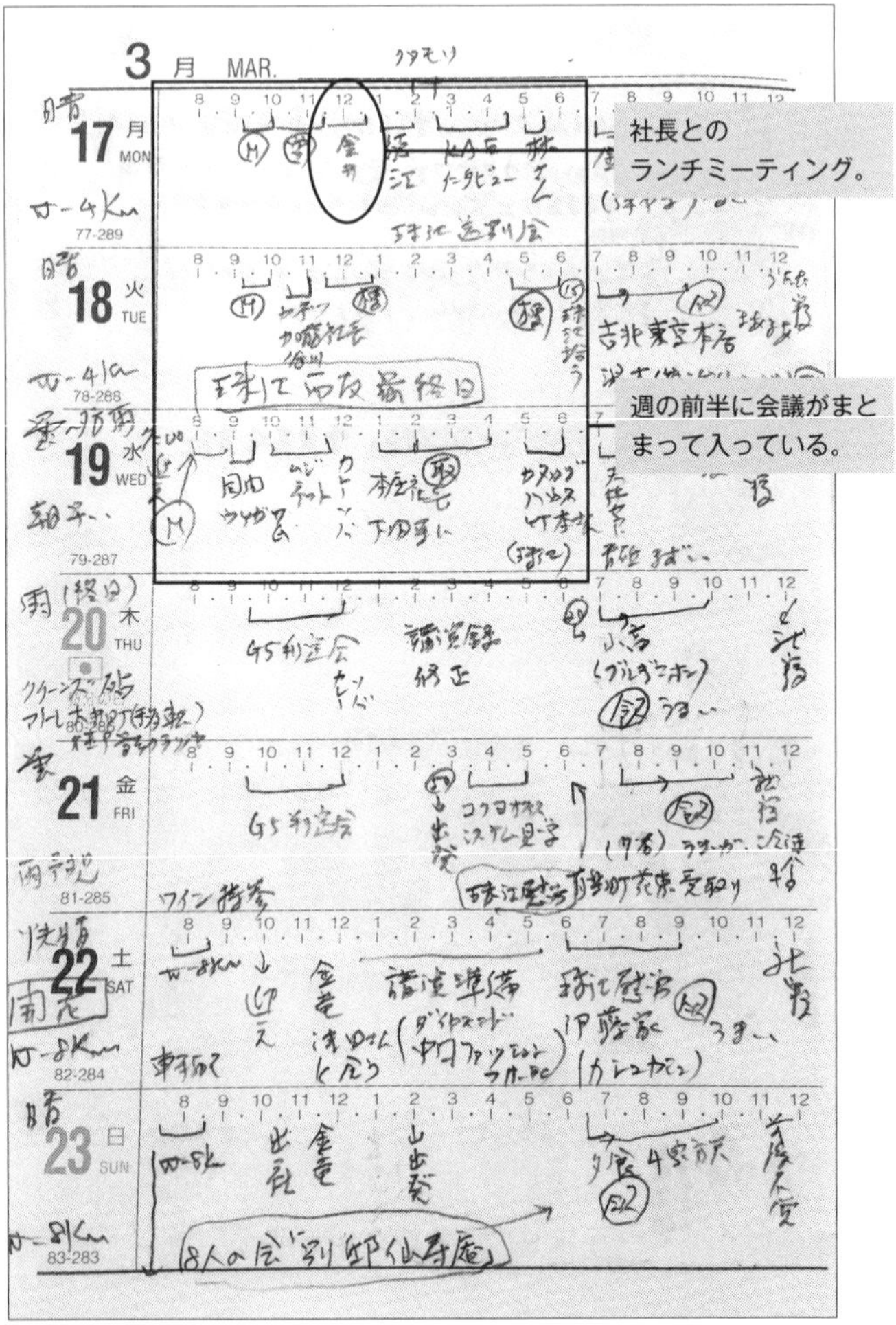

社長との
ランチミーティング。
週の前半に会議がまと
まって入っている。

火曜日も、必ず誰かしら社内の人間とのランチミーティングを入れていましたし、それ以外の曜日も、直接担当していた業務標準化委員会のメンバーや役員、部長などと昼食を共にするなどして状況を把握するようにつとめていました。

役職が上がれば上がるほど、スケジュールはタイトになりますが、それでも昼食の時間くらいはあります。そこで、このタイミングをコミュニケーションの時間として戦略的に活用していたのです。

もちろん仕事の話をすることもありましたが、実はその多くは他愛もない雑談です。ただ、この雑談が、いざというときの話しやすさにつながるのです。**人間の価値観や関心は人によって大きく異なるので、事前に把握できていれば、何か起きたときの相談がスムーズにいきます。**また、家族や健康などの情報も、異動・配置のときに大きく役立ちます。

私は、「飲みニケーション」賛成派で、若いときから頻繁にその機会を有効活用していましたが、さすがに社長・会長となると社員を誘って飲みに行く機会は減ります。そこで、ランチをコミュニケーションの場にしたのです。

「飲みニケーション」を好まない若手を誘う場合も、この方法は有効でしょう。

06 時間の有効活用②
スキマ時間の使い方

限られた時間だからこそ集中できる

役職が上がるほど、会議や来客などの予定が増え、自分が自由に使える時間はどんどん減っていきます。会議と会議の間の30分といったスキマ時間しか自由になる時間がなくなるのです。

したがって、いかにスキマ時間を有効に使うかが問われることになります。

私の場合は、会議が終わりに近づくと、手帳を開き、どの仕事をどのスキマ時間で片付けるか、仕事の優先順位と、その仕事を行うのにかかる時間を見積もって、頭の中で割り振りを決めていました。たとえば、1分あればメールチェック、5分あれば不在時にかかってきた電話への折り返しなどといった具合に、優先度の高い案件から片付けていきます。

こうすれば、スキマ時間を最初の1分からフルに使えます。スキマ時間だからこそ、少しもムダにしないための工夫です。

また、**スキマ時間だから集中できるというメリットもあります。**30分間でも集中することができれば、資料集めや資料の読み込み、かんたんな書類づくりなどはできてしまいます。

1回のスキマ時間ではできない仕事でも、2回分を割り振ればできるかもしれません。こうした仕事の時間を見積もる力も重要で、それを養うことにもなります。

ただ、仕事の中には、原稿づくりなど、1、2時間といった、まとまった時間がないとできないものもあります。こうした仕事は、仕方がないので土日のどちらかに出社して片付けていました。もちろん、自宅で仕事をすることもできなくはないのですが、私はあえて出社しています。**自宅は効率化を求めないプライベートの時間を過ごす場所**です。これに対し、会社に行くと効率化のための意識がピークに達しますし、さまざまな資料を参考にするには、どうしても会社のほうが便利だからです。

07 時間の有効活用③

スケジュール調整は24時間以内に返事をする

返事を保留にしてお互いの時間をムダにしない

自分の時間を大切にすることは誰もが頭にありますが、他人の時間にはつい無頓着になってしまうことが少なくありません。

たとえば、会合や会食でのスケジュール調整。私の場合、スケジュールを調整するために預かれるのは1日だと考えています。たいていの場合、相手も忙しく過ごしていることが多く、2日後、3日後では、相手の予定を止めてしまっている可能性もあります。

したがって、お互いの時間をムダにしないために、できるだけ24時間以内にスケジュールを調整して連絡するようにしています。

どうしてもスケジュールの調整がつかない場合は、その理由とともに、あと何日必要なのかを相手に必ず連絡します。

ただし、例外もあります。それは、学生時代の仲間が集まる会など、大人数でプライベートの集まりなどの日程を決めるケースです。候補日が何日か伝えられるのですが、連絡が来たときにすぐに答えてしまうと、決定までの預けてある日程が足かせになり、その後のスケジュール調整に四苦八苦することが多くありました。

これを防ぐための裏ワザが、締め切り日に回答するという方法です。締め切り日に回答を行えば、それからすぐに日程が決まります。回答から日程決定までの期間が短くなるので、スケジュール調整で悩むことがなくなるのです。

もちろん、みんながこれをやると幹事は大変ですが、私は致し方なく、この裏ワザを使わせてもらっています。

08 振り返り(C)の時間を土日に確保する

平日はPとDに専念する

前にもお伝えしたように、これまでの1週間を振り返り、できたこと、できなかったことを明確にし、次の1週間の準備をするのは、土日のどちらかでした。

月曜から金曜は、分刻みでスケジュールが決まっているので、プラン通りに実行する、つまり「P」「D」に専念します。夜、その日一日を振り返るのが理想かもしれませんが、私の場合は、夜は会食や飲み会に充てることが多かったので、なかなか毎夜の振り返りの時間が確保できません。

そこで、土日に1週間を振り返って(C)、次の1週間の準備(A)をしていたのです。私の場合、なるべく早くにすませておきたいので、土曜日を使うことのほうが多く、

● 1週間のPDCA

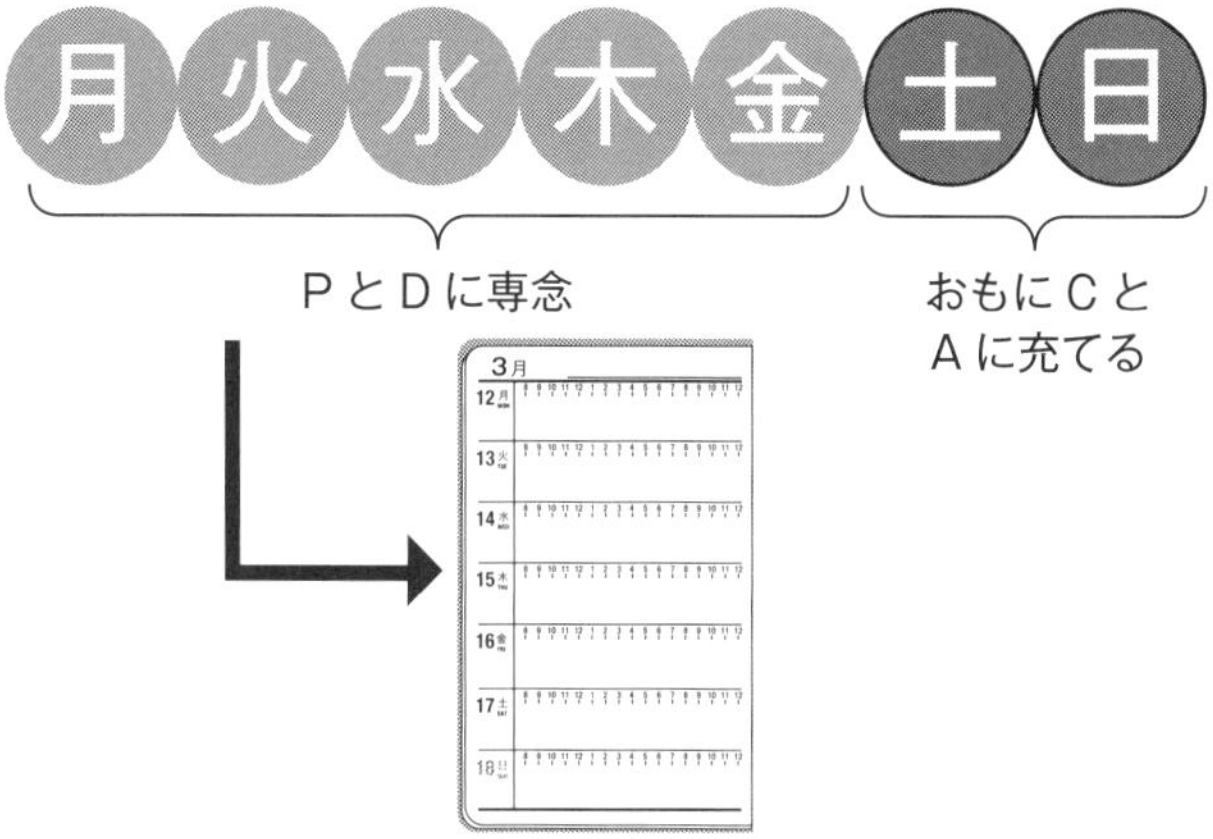

そのおもな内容は、次週の会議、来客や講演などの準備です。

会議であれば、調べておくこと、来客であれば、その方の情報などを確認します。

講演の準備の場合は、過去に同じテーマで話したことがあれば、そのときの資料に目を通してから今回の講演で話す内容の詳細を決め、資料をつくります。

このように、土日に「Ｃ」「Ａ」タイムをつくるのが、私の手帳の使い方の肝であり、これは今も変わりません。

「Ｃ」「Ａ」を行ってから「Ｐ」「Ｄ」へと進める。私の場合は、ＰＤＣＡというよりは、ＣＡＰＤといったほうが実態に合致しているかもしれません。

2章
変革のためのDCAP

01 変革は「D」から始めなさい

どん底での社長就任

前章ではPDCAを回す手帳の使い方について述べましたが、本章では、もう少しマネジメントの視点、経営者の視点から、PDCAと手帳について考えていきたいと思います。

私が良品計画の社長に就任したのは、業績がどん底の2001年でした。

2000年2月末に、1万7350円だった株価は、2001年2月末には2750円まで下がりました。時価総額が約4900億円あった会社が、1年間で約6分の1の約770億円に、つまり、約4100億円も会社の価値が下がってしまったのです。

● 社長就任当時の記録

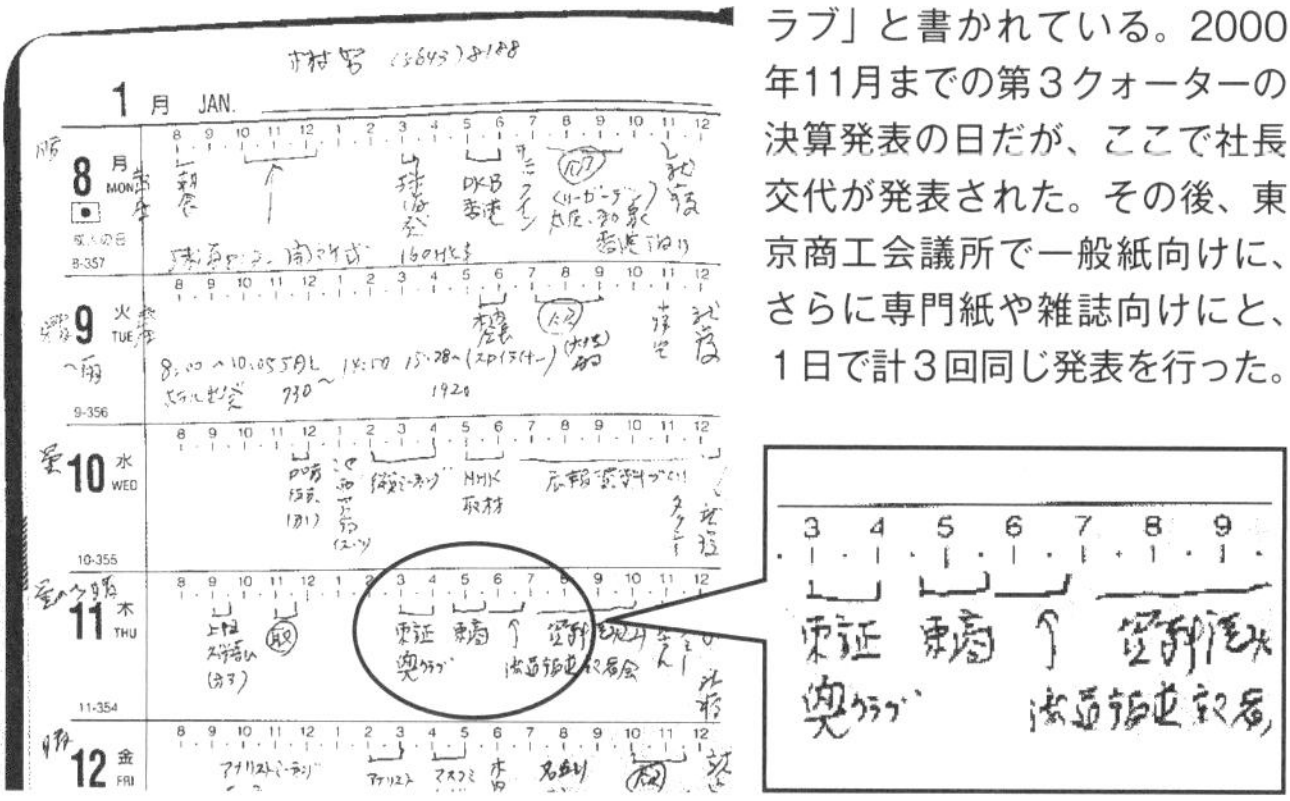

2001年１月11日、「東証兜クラブ」と書かれている。2000年11月までの第３クォーターの決算発表の日だが、ここで社長交代が発表された。その後、東京商工会議所で一般紙向けに、さらに専門紙や雑誌向けにと、１日で計３回同じ発表を行った。

私が社長になったのは、そんなときでした。

実行あるのみの日々

ＰＤＣＡは、「Ｐｌａｎ」、つまり計画から始めるのが一般的ですが、私が社長になったときは、会社の危機ともいえる状況。悠長に計画を立てる余裕などはありませんでした。とにかく、立て直すためにできることからやる。実行（Ｄｏ、以下Ｄ）、あるのみです。社長に就任するまでは、当時まだ新規ビジネスだったネット販売を手がけるＭＵＪＩネットの社長を任されており、営業の本筋には身を置いていない状態です。良品計画全体を覆う業績不振の真の

● 社長就任にあたっての抱負をまとめた年末の1ページ

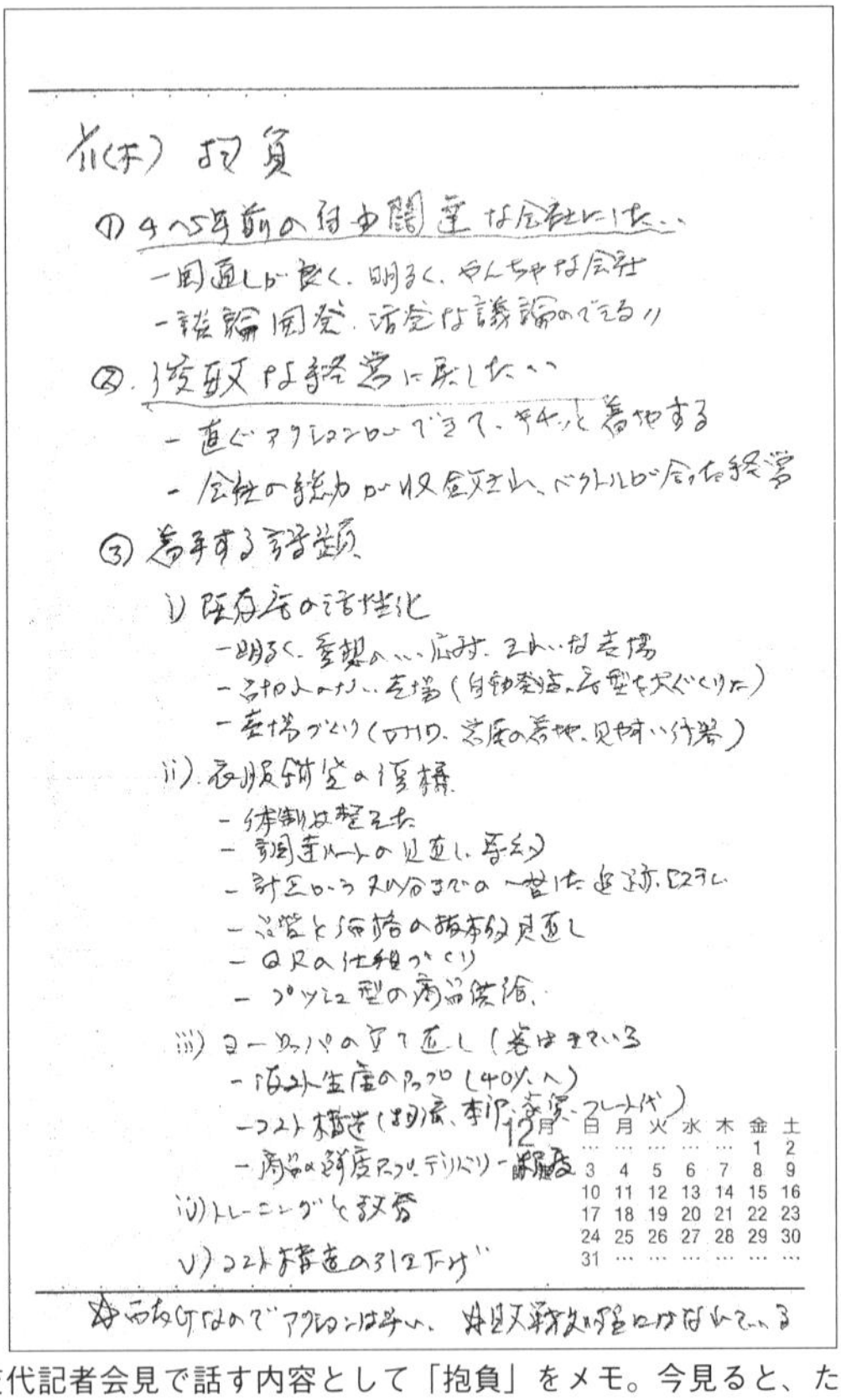

社長交代記者会見で話す内容として「抱負」をメモ。今見ると、たいしたことは書いていない。12月末に社長就任の打診を受け、1月11日に発表なので、現状把握すらままならない状況だった。

● 危機的状況の場合のサイクル

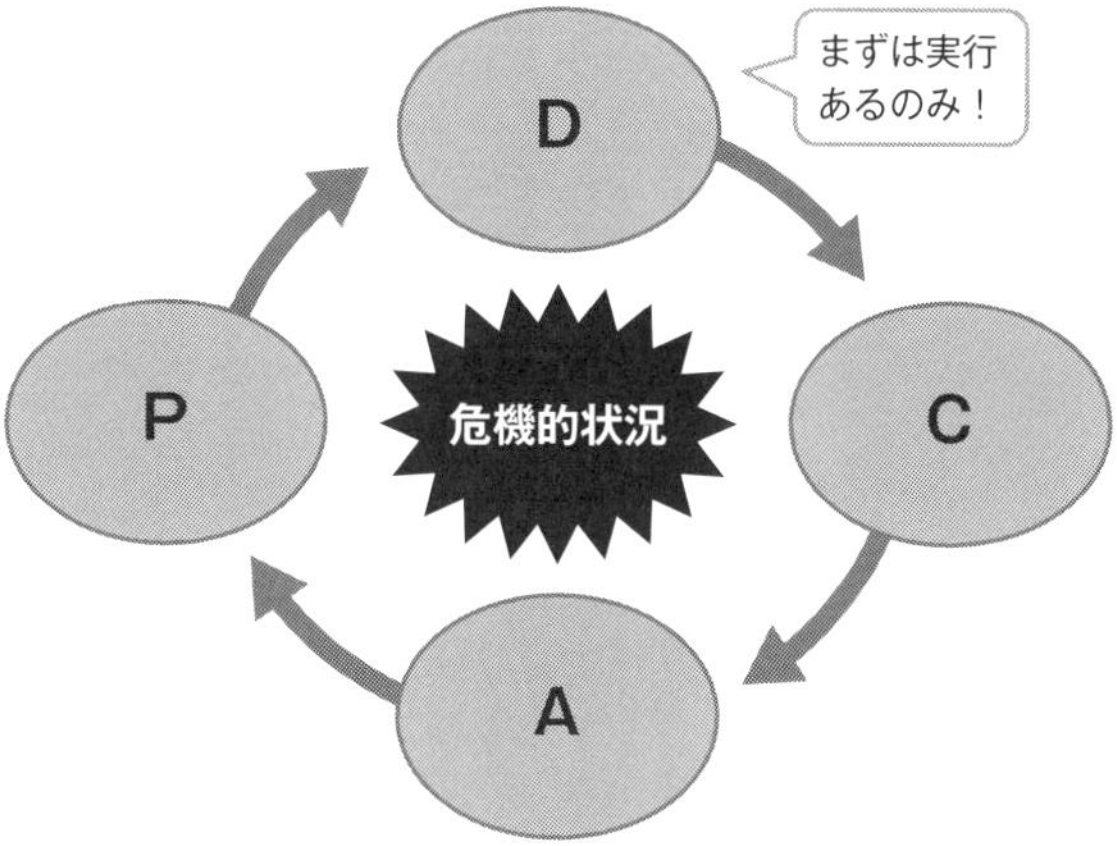

原因は、すぐにはわかりません。実際に店舗に足を運ぶ機会も少なかったので現場がどういう状況なのかも、把握できていない状況でした。したがって、私がまずやったことは、とにかく、すっかり遠のいていた「現場」に足を運ぶことでした。

これはすぐにやらなければならない……。駆り立てられるような思いでした。

ＰＤＣＡだからといって、律義に「Ｐ」から始める必要はなく、危機的な状況のときは、まずやれることをやる、つまり「Ｄ」から始めて、Ｄ↓Ｃ↓Ａ↓Ｐ↓Ｄ↓Ｃ……と、ＰＤＣＡを回せばいいというのが私の考えです。

02 最初の「D」で現場の声を拾う

なぜ一番に全国行脚に発ったのか?

まず立て直しに当たって「全国行脚」を選んだわけですが、目的は視察と全国の店長との面談です。北海道エリア、北日本エリア、東京西エリア、中京エリア、京滋北陸エリアなど、9つのブロックに分かれていましたので、ブロックごとに店長を集めて会社の状況を伝え、現場のリアルな話を聞きに行きました。

不振の原因は外部のライバルたち――ユニクロやニトリ、100円ショップやドラッグストア――によってもたらされたものではなく、自らの内部に問題がある。たとえば、商品開発の方法が限界を迎え、お客様の期待に応えられる商品がつくれなくなっていること、官僚的な組織になっていて風通しが悪く、問題の本質にメスが入っていないなど、組織の現状や、赤字を止めるための処方等について話をしました。ただ、この時点では正しく現状もわかっていませんから、漠然とした話になっていました。したがって、何よりもまずは現場の現状について店長の話を聞くことが目的でした。

ここで大切なのは、単なる店舗視察で終わらせないということ。社長や常務が来たからといって、いきなり現場の店長たちが本音で話をしてくれるわけがないのです。なまじっか本音を漏らして、それがラインを伝って取締役会で報告される内容と違うと、後から上に立つ中間管理職にお灸をすえられるのは、現場の店長たちです。いままで何度もそうやって痛い思いをしてきたのですから、急に心のうちを語ってくれるはずもないのです。

そこで、店を早めに切り上げてもらい、場所を変えて会社の現状を伝え店長たちの意見を聞き、一杯飲みながら話をしました。いわゆる、飲みニケーションです。

最初は当たり障りのない話から始まるのですが、アルコールがほどよく入ってくるころから本音が飛び出してきます。店長たちの本音の意見は、やはり本社で報告されていた内容とは違うこともあります。

たとえば、会社の状況と対応等の本質は正しく伝わっていませんでした。マネジャーが正しく把握していないこともあったのですが、マネジャーの関心によって伝えることがバラバラだったためです。そこで、店長会議には社長自らが出席し、直接店長たちに伝えることにしました。

もちろん、取締役会で報告される内容がウソだらけということではないのです。ただ、100％真実でもないということです。

販売を担当するマネジャーは、自ら「できていない」という報告は絶対にしません。できているように報告してきます。

しかしながら、**現場の状況を正しく把握しないと経営判断を誤ってしまいます。**直接、店長に聞いて、営業会議等で本部を叱責すると、せっかく正直に現場の状況を報告してくれた店長が「チクったな」とあとでいじめられるのです。したがって、その後、毎日店を回る監査室の人たちに報告してもらうように改めたのです。

現場に足を運んで得たものとは

業績の悪化に伴って、本部は会議に次ぐ会議。しかも数字もいいはずがありませんから暗い沈んだ空気が蔓延しています。ところが現場、つまり店の風景や、そこで働く店長はじめスタッフたちは少し様子が違います。

「会社が危ないときだからこそ、自分たちががんばるんだ」

そんな活気すらありました。これはあとで知ったことですが、カネボウが破綻したときも現場の販売員の方々は元気があったそうですし、ＪＡＬが破綻したときもキャビンアテンダントたちの活気は失われなかったそうです。

現場の第一線の人たちは、自分たちががんばることで会社を再生しようと明るく元気にお客さまに接しようとするのです。良品計画もまた同様に、店長たちは明るく元気でした。そんな店長たちに最初に会ったことで、私自身、元気と勇気をもらったことは間違いありません。

店長は日々お客さまに接し、お客さまに満足してもらうことを第一に考えています。したがって、目の前にいるお客さまに全力かつ最優先で対応しています。会社の危機への対応は、その後になります。しかし、危機は認識していますから、さらにがんばってお客さま満足度を上げようとしてくれるのです。目標とやるべきことがはっきりしているので元気だったのです。現場に元気があることは再生への一筋の光明でした。

03 38億円の不良在庫処分も小さな「D」

「大きな決断」も即断したわけ

店舗をくまなく行脚し最初に気づいたのは、不良在庫の多さです。2月ですから、すでに春物が店頭に並び始めているのですが、売場を奥へと進んでいくと、1年前、2年前の春物・秋物の売れ残りが大量に積まれている状態です。

セール品として処分を試みているわけですが、売場としてはやはり汚い。現場は今年の春物を売る、あるいは、これから出てくる夏物を売るという状況にないのだと、すぐに気づきました。

そうなると、物流倉庫の様子も想像がつくというものです。さっそく足を運んだ新潟の物流センターには、大きな段ボールに入った衣料品の不良在庫がビルの3階分くらいはある天井まで山のように積んでありました。そんな倉庫が3つ、4つ……。圧倒される量でした。

「これをどうにかしないと何も始まらない」そう考え、約38億円分、売価約100億円分の不良在庫の焼却処分を決め、新潟県小千谷市にある最新鋭の焼却炉に持ち込んで燃やしてもらったのが2001年3月の中旬のことでした。

後に、その量と金額の莫大さから、さも大きな「決断」のように語られることの多かった多額の不良在庫の焼却ですが、実のところ、その実行についてはまったく悩みませんでした。なぜなら、論理的に考えて他に選択肢はなかったからです。

セール品にして価格を下げてもなかなか売れない商品が、倉庫に山積みされていたのですから、処分するしかありません。寄付や埋め立て処分といった選択肢も検討しましたが、現実とすり合わせて論理的に考えると焼却処分しか選びようがないのです。「燃やす」と決めたら、あとはその手配を粛々と行うだけです。

この不良在庫の焼却も、目の前のやるべきことをまずやるという「Do」でした。金額としては確かに大きいですが、やると決めてしまえば、不良在庫の焼却自体はそれほど難しいことではなく、小さな「D」と同じでやるだけです。

04 「C→A」が自動化する仕組み

経営改革プロジェクトの開始

社長になって、まず、エリアごとに店長の本音を聞くとともに店舗を回ることで現場の把握に努め、不良在庫が店にも倉庫にもあることがわかったので、それらを焼却処分する……。一連の「D」を終えて、ようやく次の段階の「C」が見えてきます。

なぜ、それほどまでに不良在庫が山のように積み上がってしまったのかを検証する必要があります。そこで立ち上げたのが、「経営改革プロジェクト」です。

経営改革プロジェクトの目的は大きく2つ。構造改革と商品開発改革でした。現在のやり方を評価し、改革していく、つまり、「C→A」を行うのが目的です。

手帳を見ると、「経」と書いてあります（73ページ）。そもそものスタートは2001

● 経営改革プロジェクトの記録

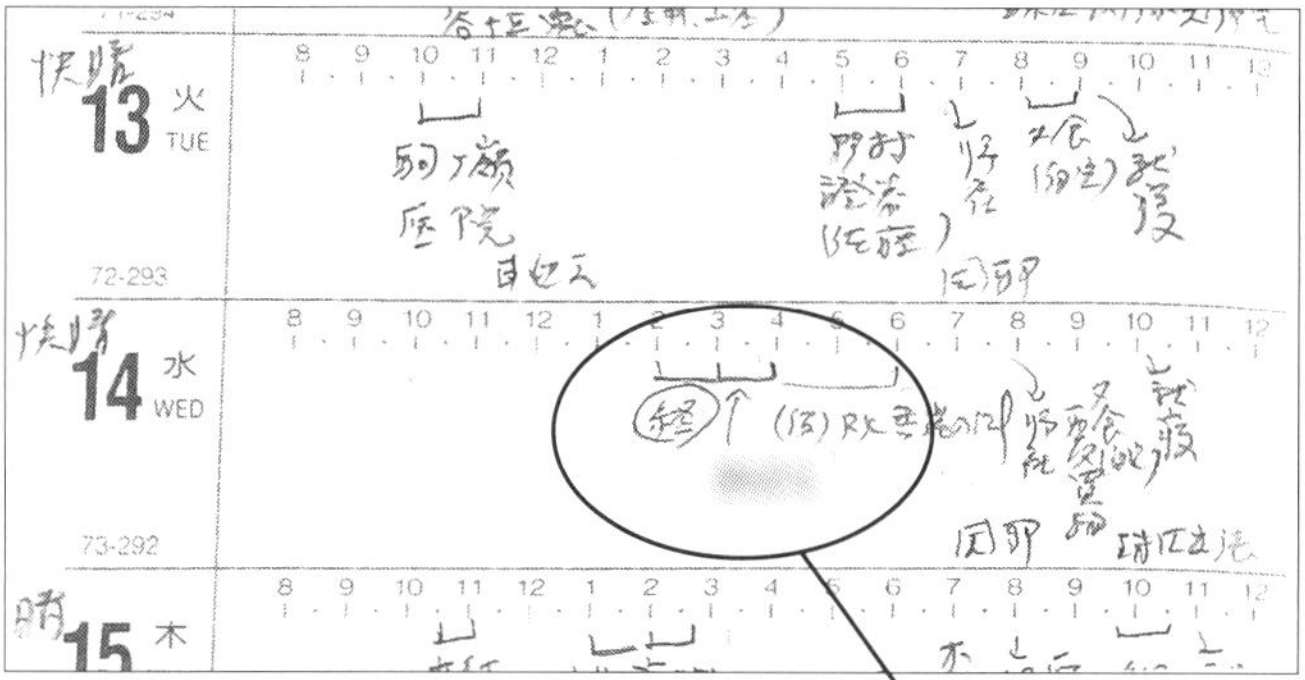

経営改革プロジェクト。
毎週水曜日に開催。

年2月28日水曜日。以後、役員や部門長の会議の予定がなく全員が揃うことのできる毎週水曜日の2～4時が経営改革プロジェクトの時間となりました。

出席するのは全役員と全部門長、約30人。役員、役職者を集めるとなると、どうしてもこのくらいの人数になります。大人数を集める分手間暇もかかります。しかし、**平等に情報を流すことと、決められたことを確実に実行することを考えると、この規模、陣容をここで一本にまとめておくのが一番効率がいいのです。**

この後も、私はいろいろなプロジェクトや会議を立ち上げますが、基本的には全役員と全部門長を毎回必ず出席させるように

● 経営改革プロジェクトのDCAP

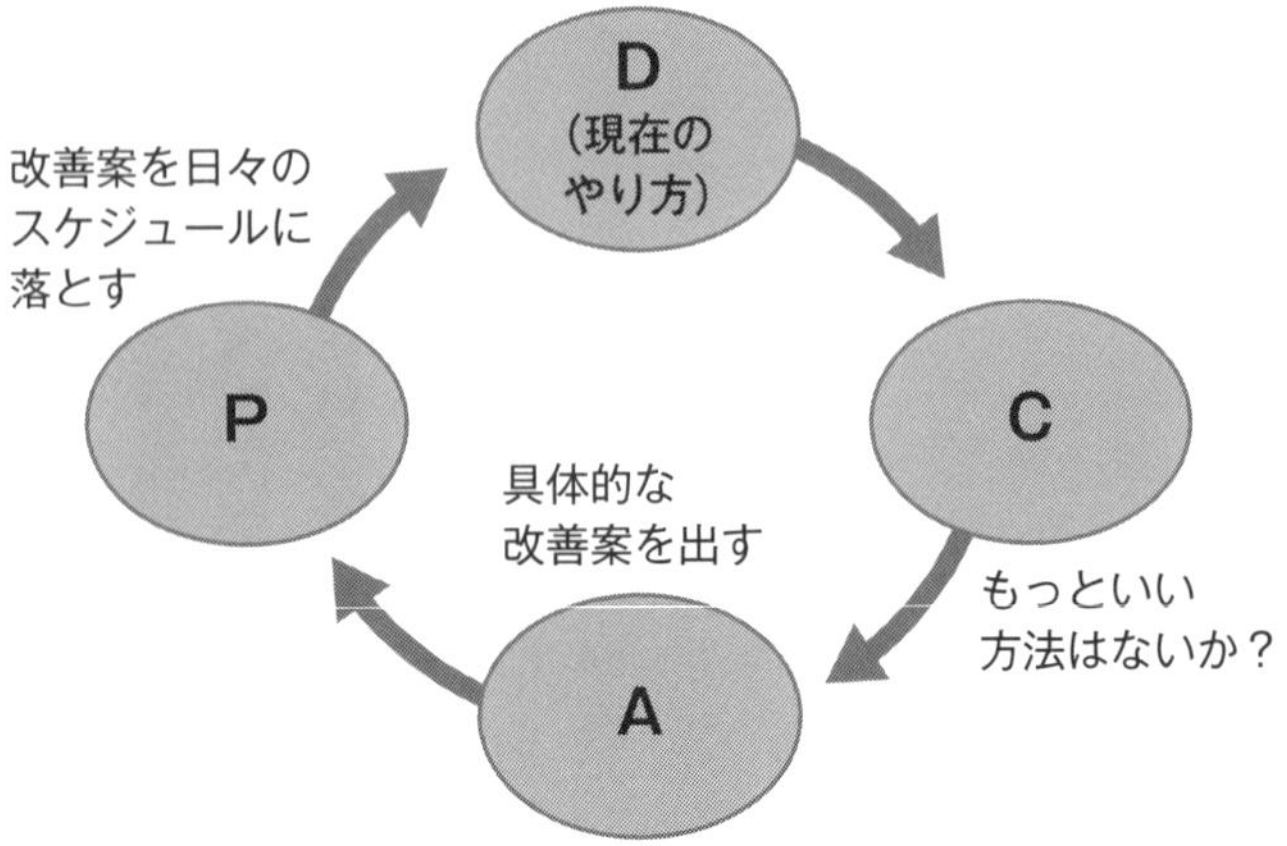

していました。

経営改革プロジェクトでとりあげるテーマは、衣料品の立て直しや、生活雑貨をどうするのかなど。その都度、いろいろな経営課題がテーマとして話し合われるわけですが、大事なのは毎週同じ曜日の同じ時間に実施すること。定例の重要な会議の予定があると出席者たちは出張など、他の予定を入れられなくなります。

なぜなら経営改革プロジェクトは、改革のメインの舞台だからです。全役員と全部門長が出席する必要があり、そのためには曜日と時間を決めてしまうのが一番です。毎週水曜日の2～4時と決めておけば、手帳でスケジュール管理をしていない人でも忘れることはないでしょうし、別の予定を入れてしまうことも避けられます。

何より、経営改革プロジェクトが経営幹部の現在の仕事の中心であることを、社員全員に共有できます。

経営改革プロジェクトでは、現在のやり方（D）を評価（C）し、改善案（A）を決めます。決まった改善案を日々のスケジュールに落とし込み、実際にやってみて、その結果をまた経営改革プロジェクトで評価し、改善していく。この繰り返しと積み重ねが構造改革と商品開発改革の実現につながると考えていました。

ＰＤＣＡの「Ｃ」「Ａ」を行う会議を毎週必ず実施することで、ＰＤＣＡが会社全体で自動的に回る仕組みにしたのです。

結局、この経営改革プロジェクトは、水曜日の午後は外に出たいという声を受けて火曜日の午後に時間を移し、３年間くらいやり続けることになります。経営改革委員会は緊急時の対応が主ですから、その後は営業会議や業務標準化委員会、人材委員会など課題ごとの会議に移行していきました。

05
「C」で、ダメな「D」をあぶりだす

一人ひとりはベストでも組織力につながらないわけ

前項に続き、経営改革プロジェクトについて具体的な例を紹介しましょう。衣料品のつくり過ぎをいかに防止するかが話し合われたときのことです。婦人服は婦人服の担当者が商品管理を行い、紳士服は紳士服担当が、子供服は子供服担当が、というように、それぞれの担当者がそれぞれの商品管理を行っていました。

みな、表計算ソフトで管理シートをつくっているのは同じなのですが、そのフォーマットはバラバラ。しかも、担当者が辞めてしまったので、昨年の実績がわからないというケースまでありました。

これもまた「個人主義」「経験主義」の弊害です。**一人ひとりはベストなものをつく**

っているつもりでも、組織としてのベストがなく、組織力になっていないのです。

経営改革プロジェクトでは、個々が表計算ソフトで管理シートをつくることを禁止し、衣料品だけでなく、生活雑貨も、食品も、全商品、同じフォーマットの帳票をつくることを決めます。

これでジャンルを超えて商品の売れ行きがわかりますし、比較もできます。発売から3週間のところにフラグを立て、その段階で増産するのか、減産するのか、現状維持なのかを判断する仕組みにすることで、つくり過ぎを防止するように改善しました。「何だ、その程度のことをやっていただけか」と思われた人もいるかもしれません。そのとおりで、一つひとつの実行状況を把握し、評価し、改善するといっても、特別すごいやり方に変えることなどできないのが現実です。

変革や改革というと、現状を全否定し、一気にすべてのやり方を大幅に変えて、魔法のように組織を一変させるイメージがありますが、私は魔法使いではありませんし、何か特別な技術やアイデアを持っているわけでもありません。

ですから、**できる範囲で、確実に良くなるように地道に変えていく、それを積み重ねていくことで改革を行うしかない**と考えていました。

06 「D」の先頭にはトップ自ら立つ

1年で1割の店を閉鎖する

経営改革プロジェクトを行いながら、同時並行で進めたのが不採算店舗の閉鎖です。

会社の業績が悪いということは、店で商品が売れていないということです。当然ながら、赤字の店がいくつもありました。

商品開発の方法を変えて、実際に商品が変わるまでには1年以上かかります。それまで赤字を垂れ流すわけにはいきませんので、店舗の運営費用を何とか下げようと考え、私自身が先頭に立ち、役員全員で手分けして家賃の値下げ交渉にディベロッパーのもとへ足を運びました。

もちろん、通常運転時であれば担当者に任せるところですが、このときは状況が異ななります。**非常時はトップが自ら動かないと、こうした難しい交渉は実を結びません。**

店の大家にあたるルミネやアトレ、パルコ、イオン、イトーヨーカドーなどに家賃の値下げ交渉に行くのですが、多くで「もう家賃は下がっているんだ」と言われてしまいます。というのも、変動家賃なので、売上が下がると家賃も下がる仕組みだったのです。だから逆に、「もっと売上を伸ばして、家賃を上げてくれ」と言われる始末でした。

こちらは「下げてくれ」、相手は「上げてくれ」ですから、何回交渉しても話が噛み合いません。そうなると、最後は、「それでは出ていってくれ」と言われてしまい、結論から言うと、1年間で店を1割閉めることになりました。

もちろん、こちらの無理を聞き入れてくれ、存続した店のほうが多かったのですが、どれも難しい交渉でした。

これも不採算店舗を1割閉鎖するという計画「P」を立ててから実行したのではありません。とにかく赤字額を少しでも減らそうと、目の前の家賃の値下げ交渉を行うという「D」の結果、1割の店舗が閉鎖になったということです。

それを踏まえて、店舗の評価「C」を行い、新たな店の出店「A」へとPDCAを回していくことになります。

「膨張」ではなく「成長」のために大切なこと

不採算店舗が多かったのは、無理な急拡大に原因がありました。

90年代後半、良品計画の業績は好調で株価も高かったのですが、セゾングループは風前の灯火でした。そのセゾングループ再建の最後の原資が、ファミリーマートと良品計画の株式だったため、高株価政策をとらざるを得なかったのです。

株を買う投資家は、企業の成長性に注目します。好業績の良品計画が、さらに新店を続々オープンすれば、それだけ売上も伸び、利益の増加も見込めるだろうと普通は考えますので、高株価を維持するために急激な新店計画が組まれました。

新店のウエイト構成比は、一般的には売上の4～5％なのですが、このときは40％、通常の10倍の出店攻勢が行われました。急激にアクセルを踏んだわけです。

これは海外も同じで、ヨーロッパに5店舗しかなかったにもかかわらず、10倍の50店にするという無謀な方針が打ち出されます。

質のともなわない急拡大、いわゆる「膨張」ですから、新店は赤字の不採算店舗になっていきます。

経営で一番難しいのが、攻めるときです。当時の良品計画のようにイケイケどんどんで攻めてしまうと痛い目を見ることが多いのです。

「膨張」ではない、質をともなった「成長」をするためには、巡航速度を超えるような急拡大は行ってはいけない。これがこのときの教訓です。

ですから、私が社長となり業績回復したあとも、海外に100店舗つくれる状況であっても、50~60店舗に抑えました。これは「成長させるときが一番難しい」ということが身に染みてわかっていたからです。

07 2回目、3回目の「C」「A」の持つ意味

あえてつらい焼却に担当者を立ち合わせる

すでにお話ししたとおり、経営判断としては「小さなD」ではありましたが、38億円分の衣料品の不良在庫の焼却は一度ではとても終わらず、何回かに分けて行われました。その何回目かに、衣料品のカテゴリーマネジャー（課長）とマーチャンダイザー（開発担当者）を全員、焼却炉に連れて行きました。

自分たちがつくった商品が売れずに焼却される。時間をかけ、思いを込めてつくった商品が焼却炉に投げ入れられ、燃やされ、どんどん灰になっていくのを見るのは、もちろん私にとってもつらい経験でした。

ましてや、それらの商品をつくった当人であるマーチャンダイザーにとって、それが

どんな体験だったのかは想像にかたくありません。

しかし、それが厳しい現実であり、この厳しい現実を自分たちの力で乗り越えていくしかない以上、マーチャンダイザーには、商品が燃やされるその現場を自分の目で見てもらう必要があると考えたのです。

後々のミーティングで、「とてもショックだった」と言う人もいました。それはそうでしょう。さぞや悔しかったことでしょう。その悔しさを、次の商品づくりに活かしてほしかった。

しかし、実際には、さらに厳しい現実を突きつけられることになります。

1回の失敗ではなかなか学べない

焼却処分によって一度はゼロになった不良在庫ですが、その後また増え始め、半年後の２００２年2月には、また不良在庫の山になってしまったのです。

当時は、１００の売上を上げるためには、欠品などを防ぐために１５０くらいの在庫を持つ必要がありました。しかし、衣料品は売上が対前年比66％まで落ちていましたので、１５０マイナス66で84と、半分以上が売れ残りました。

たまった不良在庫は再び焼却処分です。

人は、1回の失敗だけではなかなか素直に学べないものです。たとえ自分の見通しが甘かったとしても、「ゴールデンウイークに雨が多かったからだ」とか、「梅雨が長かったからだ」などと、さもそれらしい原因を外に見つけ、うまい言い訳をします。たまたま運が悪かっただけだと考えてしまうのです。

そして、2回目の失敗を犯します。ですが、2回失敗すると、さすがに言い訳ができなくなります。ここでようやく失敗は自分のせいだと認め、何が悪かったのだろうかと原因を真剣に考えます。問題の本質に気づくためには、人は2回失敗する必要があるのかもしれません。

PDCAにおいても、1回目の「C」「A」には、問題の本質に向き合う真剣さに欠けるところがあり、2回、3回と「C」「A」を行うことで問題の本質に気づき、その改善ができることが多々あります。

その意味でも、ＰＤＣＡはサイクルとして何回も回し続けることが大切なのです。

08 逆算して早期にスケジュールを決める

8月末の良品集会は6月から始まっている

良品計画には年に2回、「良品集会」と呼ばれる半期の経営方針発表会がありました。社長になった2001年の手帳（86ページ）を見ると、8月31日に良品集会を実施しています。

そして、翌日の9月1日、2日に合宿を開いています。これから始まる下期の方針発表を各部門長が良品集会で行い、それを踏まえて、翌日からの合宿で、その実行スケジュールを具体的に決めていったのです。

この良品集会と合宿をセットで行うためには、準備のために、少なくとも1カ月以上前には実施を決めて、全役員と全部門長に知らせなくてはなりません。

● 社長就任後初の経営方針発表会

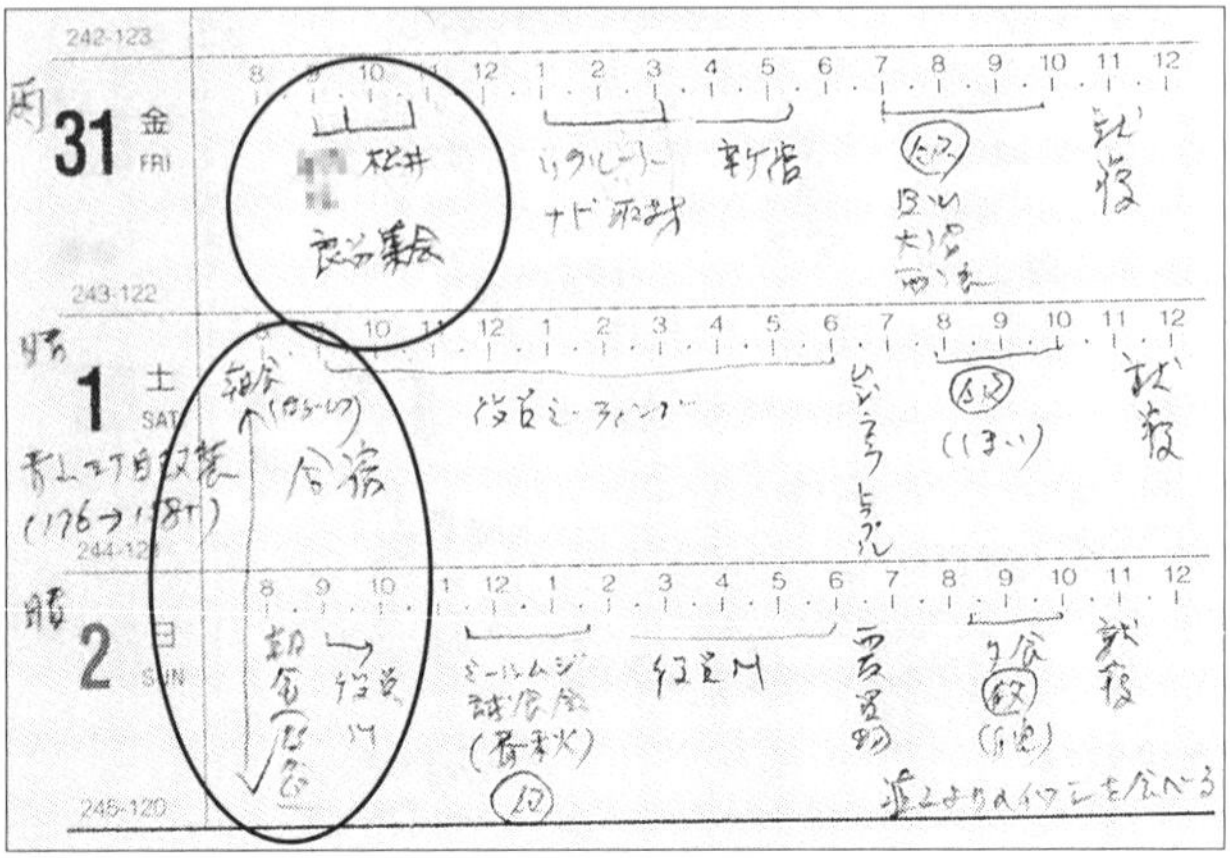

しかもこのときは、下期から組織を変える必要がありました。これまでの組織で結果が出ていない以上、組織を変え、各部門長を変える必要があったのです。

そう考えると、逆算して、7月末までに新しい組織と各部門長を決めなくてはならず、決めるのに約1カ月かかると見積もれば、7月に入ってすぐに新組織のための会議を行う必要があります。

7月はじめに会議を行うためには、参加者には少なくともその2週間前には連絡する必要があります。

こうした逆算したスケジュール管理も、手帳を見ながら行うことで、スタートで出遅れることがないよう、早め早めに行って

● 重要な集会の準備とスケジュール管理例

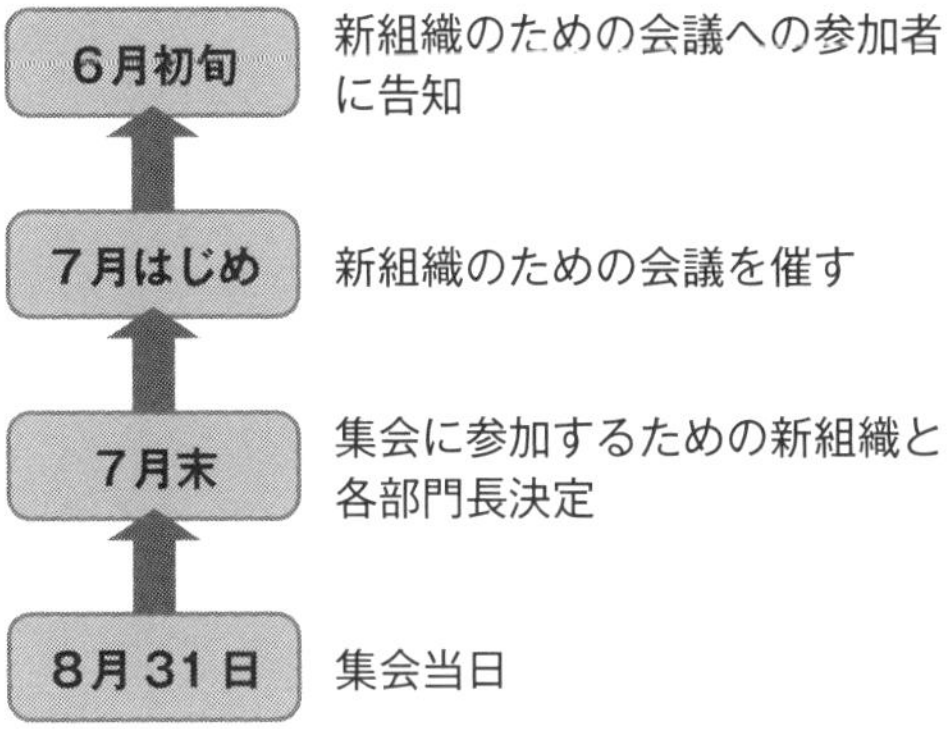

いました。このときも、余裕をもって、6月初旬には7月から新組織に関する会議を行う旨を関係者に通知し、準備をしてもらったと記憶しています。

このスタートが遅れてしまうと、時間に追われるスケジュールになります。会議自体ももちろん大事ですが、同じくらい、その会議のための準備が大事になります。

いいかげんな準備で行われる会議では、いい結論も出ないのです。

09 戦略的な会議の予定の組み方

一度で結論が出ないことを想定しておく

経営改革プロジェクトや営業会議のような毎週行う会議や2週間に一度開かれる取締役会といった定期的な会議以外に、あるときまでに結論を出すために何度か開かれる会議というものがあります。

86ページで紹介した新組織を決める会議も、このような性格の会議でした。手帳を見ると（89ページ）、7月3日に「下期組織　打合」と書いてあり、翌週10日にも「組織」とあります。さらに翌週の18日に「取」とあるのは取締役会です。

3日は最初なので、1〜5時と、長めに4時間を予定し、そこで決まらなかった案件は各自が持ち帰り、翌週また再検討する会議を1時間実施しています。こうして決まっ

● 会議の予定の入れ方例

・1回目の会議

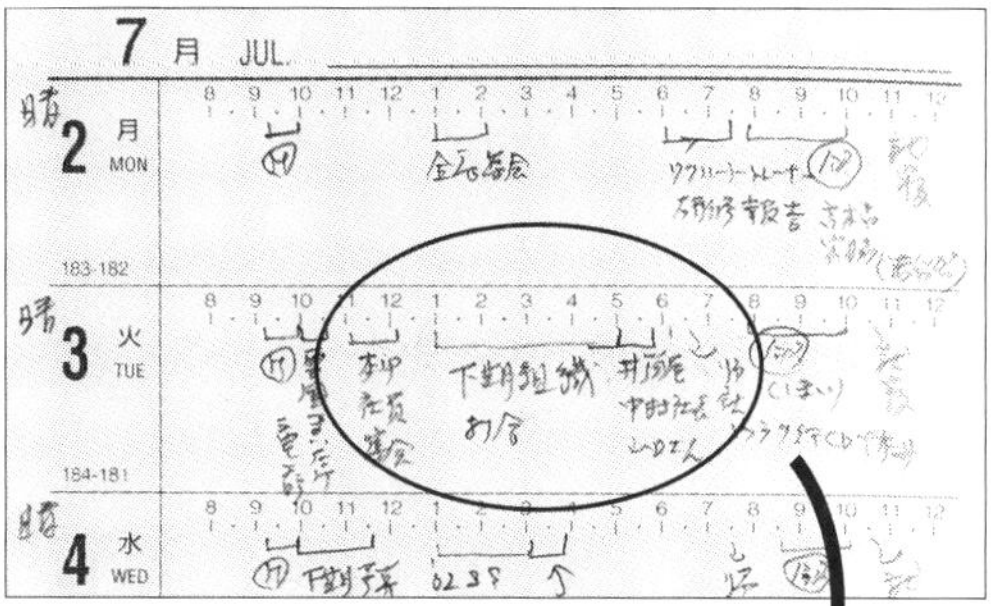

・2回目の会議（1回目の会議の1週間後）

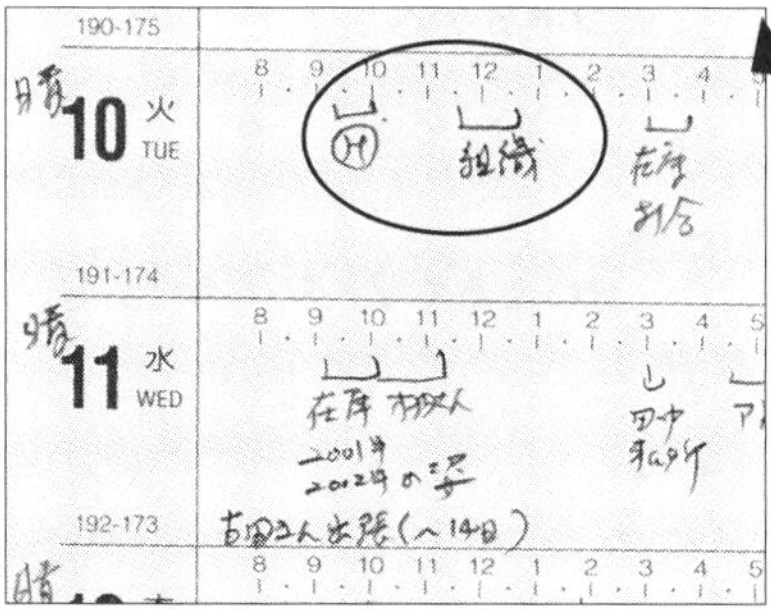

一度では決めきれないことを考慮して2回目をあらかじめ設定しておく。

・取締役会（2回目の会議の2週間後）

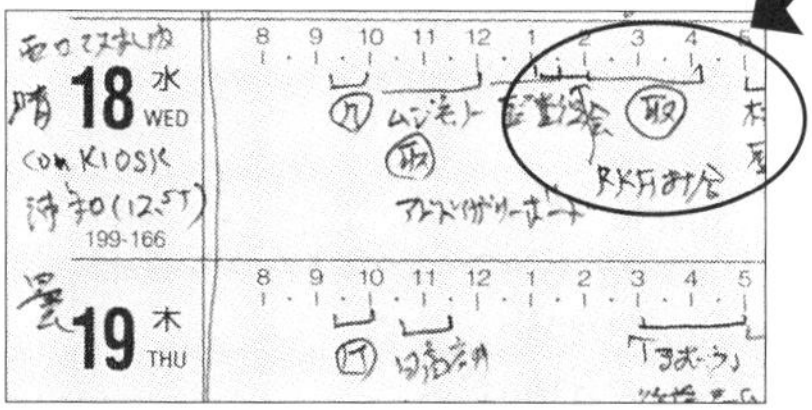

取締役会で決定。

た新組織案が翌週の取締役会にはかられ、決定しました。

何か大きな議題を話し合って決める場合、準備にある程度時間を割いていても、たいてい1回では決まりません。8〜9割は決まっても、残り1〜2割の議論が紛糾してタイムアップになることが多いのです。

したがって、**1回で決めきれないことをあらかじめ考慮に入れて、2回目の会議も予定しておきます。**ただ、議論が紛糾した点は、話し合いで解決することは少なく、最後は最高責任者が決断するしかありません。だから時間は1時間あれば十分です。

このときは、9月1日から新組織で動き出すための合宿を行うには、7月までに新組織を決める必要があり、それは18日の取締役会となるから、そのための会議を2回開くとすると、というふうに考えてスケジュールを組んでいます。

会議と会議の間を1週間空けるのは、参加者が一度頭を冷やして冷静になるためにも、新たな準備をするためにも、それくらいの期間が必要だと考えてのことです。

何か大きな議題を話し合って決める場合、1回目は長めに時間をとり、参加者には言いたいことはすべて言ってもらい、決まらなかった点は来週に持ち越してもう一度話し合い、そのうえで社長である私が決めるというパターンをよく用いました。

「松井さんは一生懸命意見を聞いてくれるけれども、結論はなんか最初から決まっているみたいですね」

こう言われることもありました。

それはまあ、そのとおりなのです。**事実をベースに論理的に考えれば、8~9割は誰が考えても同じ結論になります。違う1~2割は立場の違いから生まれるもので、それぞれの部分最適の主張です。社長は全体最適を考えますから、自分なりの結論は出ています。**

ただそれを最初から押し付けると多くの人は反発します。だから、みんなの意見を聞いたうえでトップが決断したというステップを踏むのです。この一手間をかけることで、一種のガス抜きができるのです。

みんなの意見を聞く場を設けるのは、ガス抜きのためだけではありません。最大の目的は、誰がどういうことを考えているのかを知ることです。

特に、新組織をつくるための人選の話し合いなどは、Aさんという一人の人を各部門長やマネジャーがどういうふうに見ているかがわかります。

Aさんという人のことを複眼的に見ることで、私一人では見えていなかったAさんの陰の部分まで知ることができると同時に、各部門長やマネジャーがどういうふうにメンバーを見ているのか、どういう考え方をしているのかもわかるのです。

人は基本的に正面しか見せません。特に社長とコミュニケーションをとるときなどは、自分のいい部分しか見せないように努力するでしょう。だから人選を見誤ることもあるのです。

営業会議などでも、話し合いを観察しているとそれぞれの見方や考え方が見えてきます。コミュニケーション不足を補うためにも、会議を社員観察の場としても活用していました。

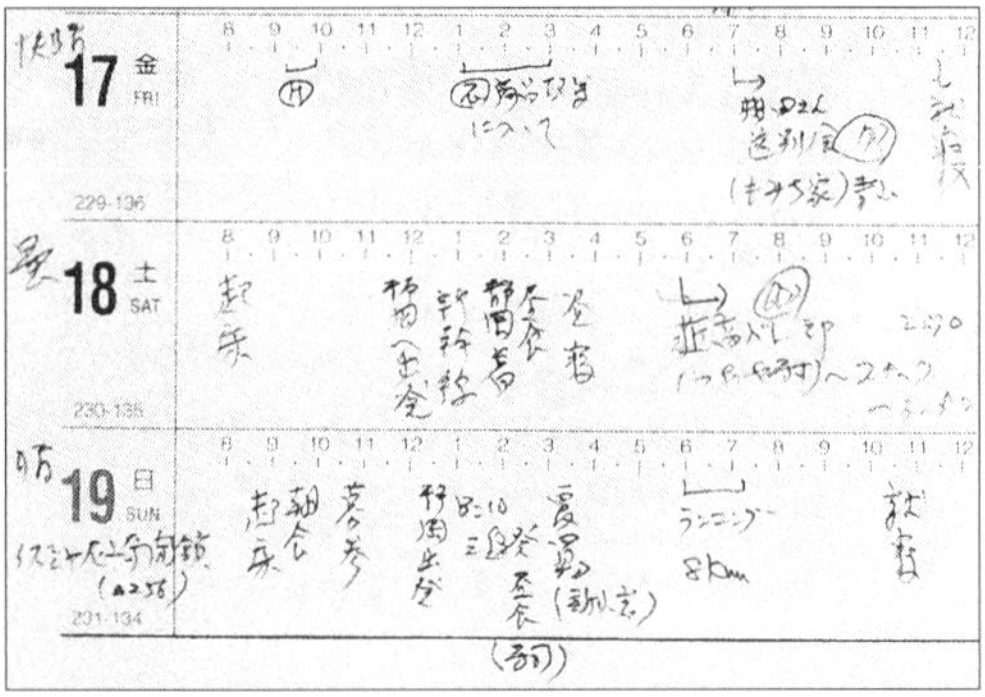

2001年１月に社長に就任して以降では、８月18日が最初の休み。高校時代のバレー部の仲間がお祝い会を伊豆で開いてくれた。

10「P」は発表しただけでは実行されない

自分の経営方針は自分でつくる

ＰＤＣＡの「ＤＣＡ」について述べてきましたが、ようやく「Ｐｌａｎ（以下Ｐ）」の話をすることができます。私が社長になって最初の「Ｐ」らしい「Ｐ」をつくったのが２００１年下期の経営方針でした。

西友時代は、社長の経営方針の原稿は実際は営業企画室の室長が書いていました。社長はそれをベースに経営方針発表会に臨みます。そのことを社員全員がうすうす知っていましたから誰も真剣に聞いていませんでした。

それではダメだと感じていた私は、自分の経営方針は自分でつくる、自分が話す原稿は自分でつくると決め、良品集会の直前１週間ぐらいは、経営方針の資料づくりに専念しました。

当時の手帳を見ると、毎日夜3〜4時間をその作業に使っているのがわかります。ここまで力を入れたのは、**自分の言葉で語らないと社員には何も伝わらない**と思っていたからです。

自分の言葉で語れば熱もこもりますし、何よりもわかりやすく伝えることができます。わかりやすくないとコミュニケーションは成立しません。

そして、この2001年8月までの上期は、半期で初の赤字に転落したときでもありました。年間を通して黒字にするためには下期が非常に重要になります。そのための経営方針づくりだったため、並々ならぬ力をこめたのです。

良品集会の翌日からの合宿では、私の経営方針や新組織の各部門長の方針を日々のスケジュールに落とし込む作業を行いました。

前にも述べましたが、**経営方針を発表するだけで、それが実行される組織などどこにもありません。会議で話した方針など、1週間後にはみんな忘れています。**

経営方針という「P」は、実行できるスケジュール計画という「P」に落とし込んではじめて実行されます。実行したら評価を行い、改善策を考え、また実行できるスケジユール計画を立て、というふうに**PDCAを回すことでしか、最終的に経営方針を実現することはできないのです。**

半期ごとに経営方針を発表し、各部門長もそれぞれの部門の方針を発表する方針発表会を行う会社は多いと思います。しかし、多くの会社は発表して終わり。方針という「P」を、実行できるスケジュール計画という「P」に落とし込む作業が行われていないのではないでしょうか。

部門ごとに方針が発表されたら、その方針を実行できるスケジュール計画に落とし込む作業を合宿ですぐに行い、翌日から実行に移す。あとは営業会議や経営企画会議、商品戦略会議、取引先集会など、定期的に開かれる会議でそれぞれの方針を確認し、それぞれの実行の進捗を追いかけ続けます。

「100%実行」となるまで追いかけることができれば、紙の計画だった方針もすべて実行できます。会議は、「決めて実行するところ」です。だから決めたことには必ずデッドラインを設定し、デッドラインまでに実行できたかどうかをまた会議で確認します。日々、その繰り返しです。

結局、経営課題の解決は日々の行動を通してしか実現しないのです。

11 半期の経営方針もＰＤＣＡで回し続ける

結果が出ないなか、ただただ進むために必要なこととは

半期の経営方針がどれだけ実行できたかは、半期後に必ず判明しますので、それを必ず「Ｃｈｅｃｋ（以下Ｃ）」します。日々、ＰＤＣＡを回しながら、定期的な会議でその進捗を追いかけ続けても、なかには達成できない方針もあります。それについては、「なぜ達成できなかったのか」を考え（Ｃ）、翌半期の方針に改善した方針として加えます（Ａ）。

こうすることで、一度出した方針はぶれることなく必ず実行されていきます。方針が実現できる組織となり、実行力の高い組織となります。

しかし、半年や1年こうしたことをやったからといって、すぐに結果は出ません。そ

れでも、必ず結果に結びつくと信じてやるしかないのです。

みなさん、こうやって、結果が出ないなか、ただただ進んでいかなければならないとき、結局経営者に必要なのは、何だと思いますか？

私は、**責任意識**だと考えています。**引き受けると決めたからには、見通しがあろうとなかろうと、何がなんでも結果を出すまで投げ出さない。**

良品計画も、私が社長になって最初の2年間は、数字が復活することはありませんでした。２００１年度は、売上こそ増えたものの当期利益は１３００万円と、黒字を確保するのがやっとでした。前年度の当期利益、56億円から急落し、増収減益で終わりました。増収だったのは、かろうじて新店出店を続けていたからです。

２００１年度の結果を振り返り、２００２年度、どのような方針を打ち出すか、考えました。まず売上は減ることが予想できました、不採算店舗の閉鎖が続いており、新店出店も見直す必要があったので、減収は避けられません。

そうなると減収減益になる可能性が大です。２００２年度が減益になると、3期連続の減益となりますし、何よりも赤字になってしまいます。これは絶対に避けたい。

そこで、「増益にする」と決めました。減収減益では誰も元気になりませんが、減収増益なら、少し光が差し、またがんばれるはずです。

売上が伸びないなかで増益を実現する方法は一つしかありません。

それは、経費の削減です。原材料や商品の仕入れ原価はもちろん、人件費、広告宣伝費、ありとあらゆる経費を削減する方針を打ち立てます。

これには多くの役員が反対しました。「一度、膿を全部出してしまえ」と——。

しかし、膿を全部出してしまうと減益になって赤字にもなりかねません。

やはり、それでは良品計画の復活はおぼつかないと考え、このときは反対意見を押し切りました。

12 夜の会食も戦略的に手帳に落とす

トップ同士の信頼関係で部下は仕事がやりやすくなる

「会社は社長の器以上に大きくならない」

良品計画の社長になって1年経つか経たないかの頃に気づいたことです。

まずは、ネットワークを広げるために、取引先の社長などとの夜の会食を積極的にスケジューリングしていきました。

取引先の社長と会食をすることで、やはり仕事はスムーズに進むようになります。人間同士なので、トップ同士がつながるとお互いの情報も非常に入りやすくなりますし、何かあったときには、「ぜひ一緒に始めましょう」となりやすい。トップ同士に信頼関係があると、部下は仕事がやりやすくなるのは間違いないでしょう。

また、他社の情報に接することで、「自社の常識は他社の非常識」ということに気づくこともあります。自分たちでは当たり前だと思っていたことが、他社ではそうではないということに気づくことで、自分たちのやり方を見直すきっかけになります。

２００２年になると、社外取締役を入れたいと考えるようになり、取引先ではない企業の社長の方々にアポイントを入れて会うようになります。自分の器を少しでも大きくするためには、メンターが必要だと考えました。

こうした**ネットワークづくり、人脈づくりも待ちの姿勢では広がりません。**手帳を見て、**１週間にどれくらい会食の予定が入っているかを確認し、空いている週には、次々と戦略的にアポイントを入れていきます。**

忙しい社長ほど、スケジュールは先になりますから、会いたい人に早く会うためには、早め早めに動き出すことが重要となります。

コラム

悲惨だった株主総会での心救われる出会い

私が社長としてはじめて迎えた株主総会のことは、今でも思い出すことができます。株価が6分の1に下がり、業績の回復の兆しも見えないときでしたから、株主からは強烈なバッシングの嵐でした。

そんななか、一番前の席に二十歳そこそこの女性の姿がありました。珍しいなと思いながら見るともなく視線をやると、よく見知った顔でした。

それは、私が無印良品事業部長だった1995年、自転車事故でケガをした女性だったのです。

無印良品の自転車に不具合があり、そのために高校生だった彼女は顎を7針縫うケガをされました。商品部と営業部を統括する責任者だった私は、すぐに自宅を訪問し、謝罪を行いました。

その後も、事故の原因の特定や再発防止策について報告するとともに、治療についての相談が続きました。顔のケガですから、いかに傷跡が残らないように治療するかが一番の問題でした。

いろいろと調べた結果、警察病院の形成の技術が高いことがわかり、つてを頼って何とか治療してもらえるよう手配し、私も何度か同行しました。

成長過程でもあり、傷跡がどれほど残るかはわからず、残ったとしても傷跡を消す手術は20歳を過ぎてからのほうがいいだろうということになりました。

事故から4年後、すべての賠償などが終わり、示談書を取り交わしました。この間、私の仕事と役職は次々と変わりましたが、この事故については私が一貫して対応しました。一度決めたら最後までやりぬく。この件はことさら手帳に書きとめたりしていませんが、本当に大切なやるべきこと（D）は、簡単に忘れたりしないものなのです。

そのときの彼女が、私が社長になってはじめての株主総会の一番前の席に座っていたのです。おそらく良品計画の株を買ってくれたのでしょう。そして、私が社長になったと耳にして、その姿を見に来てくれたのだと思います。

大変厳しい株主総会でしたが、自分がやってきたことは間違っていなかった、真摯に対応した誠意は必ず伝わるものだと実感した瞬間でもありました。

3章

勝ち続ける仕組みはCAがつくる

01 小さなＰＤＣＡを評価し大きく改善

変革2年目の課題は商品開発の構造改革

前章では、私が良品計画の社長に就いてから、まずは「実行」ありきで、主にＤ↓Ｃ↓Ａ↓Ｐの順でＰＤＣＡを回し始めたことについて述べました。

危機的な状態、非常時には、まず目の前のやるべきことをやることから手をつけ、「Ｃ」「Ａ」に進む。少し落ち着いたところで、徐々に計画（Ｐｌａｎ、以下Ｐ）を入れていくという流れで変革の大鉈《おおなた》を振るっていくのです。

続く２００２年度――。まだまだ気の抜けない状況が続きます。変革の２年目は、減収増益を目標にして経費削減に努めました。それと同時に、商品開発改革、なかでも不良在庫を38億円分も焼却処分した衣料品の商品開発改革を進めることが最大の経営課題でした。

経営改革プロジェクトでも、衣料品の商品開発改革は何度も話し合われ、できる変革はいろいろと行いましたが、やはり商品開発の構造の部分から改革する必要があるという結論に至ります。

小さなＰＤＣＡを1年間回し続けた結果、それでは光明が見出せない、小さなＰＤＣＡではダメだという評価（Ｃｈｅｃｋ、以下Ｃ）を下し、もっと大きな改善案（Ａｃｔｉｏｎ、以下Ａ）を考えようということです。

勝てる商品をつくるために外部のトップ企業と組む

構造改革とは、勝てる構造にするということです。しかし、それまで「スーパーの西友がつくった衣料品」と言われ、お客さまのニーズに応えられなくなっていた私たちだけで衣料品の商品開発を勝てる構造にすることができるかといえば、無理があります。

衣料品に必要な「かっこよさ」、トレンド、着やすさといった要素を兼ね備えた商品をつくるには、衣料品業界のトップ企業と組む必要があります。つまり、ものづくりのレベルを格段に上げることが絶対条件になります。そんなセンスを持っていて、無印良品のコンセプトのなかで実現できる人――。

そう考えてお会いしたのが、デザイナーの山本耀司さんです。

何度かの会合を経てようやく協力の約束をとりつけ、ヨウジヤマモト社からディレクターやデザイナーなど、約20人に来てもらい、良品計画の既存の商品部と一体となって総勢40～50人で衣料品のものづくりが始まりました。

無印良品のワイシャツは約2500円。それに対し、ヨウジヤマモトのワイシャツは約2万5000円です。この価格で売れるワイシャツですから、デザイン、パターンは完璧なレベルになります。このとき、山本さんから、「ワイシャツの第二ボタン

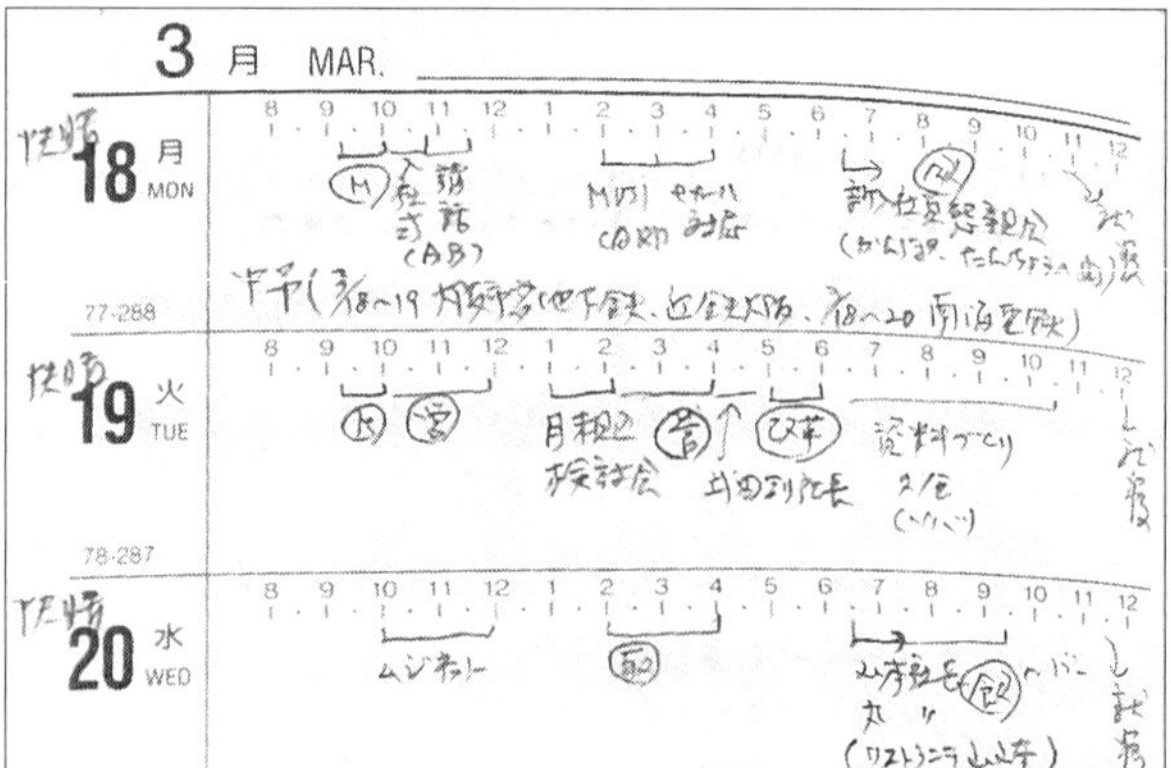

2002年３月20日。会食をしながら、衣料品の商品開発を手伝ってもらいたいと依頼。その後も何度かお会いし、2003年の春夏物に向けて、協力してもらえることになった。そこから衣料品の快進撃が始まる。

の位置は教えられるものではない」と言われたことをよく覚えています。ワイシャツの種類、形状によって、その位置は微妙に変わるからだそうです。これはつくり手のセンスによってのみ最適な位置を決めることが可能になるということです。

こうやって、ものづくりのレベルが突然世界レベルになったのです。パリ、ミラノ、ニューヨークと、すべてのファッション・ショーに出品している彼らが来年のファッションの傾向をつくっていることも学びました。そんな彼らと組むことで無印良品は1年後のファッションの流行を外すことがなくなったのです。

こうして「スーパー西友の衣料品づくり」から「世界のヨウジヤマモトの衣料品づくり」へと変わったわけですから、商品の違いはお客さまにも自然と伝わります。

「無印の衣料品が変わった！」

新商品が並び始めたのは、2003年1月からですが、置いたそばから売れていき、売れ行きは日を追うごとに伸びていきました。

創業哲学にそむいていないか評価する

ただ、この段階では、衣料品の商品開発の構造が本当に変わったのか、これからもどんどん売れる商品を出せるのかは、まだわかりませんでした。

毎月毎月の売上の伸びを確認し、それが半年、1年と続いたことで、周囲の人たちも「無印の衣料品の復活は本物だ」と評価してくれ、自分たちも以前とはまったく違う、勝てる構造になったことを認識したのです。

やっているときは、自分ではそれが本当に正しいのかわからないものです。それでも、それが正しいと思ったら信じてやり続けるしかないのだと思います。

ただし、ここで述べておきたいのは、あくまでも、ヨウジヤマモトの看板で売れたわけではないということです。無印良品では、デザイナーの名前は一切表に出しません。商品そのもので勝負するのが創業以来の哲学です。もちろん、当時は明文化はされていませんでしたから、暗黙の哲学のような状態でした。ですが、このことは、**どんな経営状態に陥っても無印良品というブランド、良品計画という企業が守るべき砦《とりで》であり、評価基準とも言い換えられるものでした。**

ワイシャツなら、ワイシャツの素材と機能で勝負する。創業以来ある洗いざらしのワイシャツは、綿でできています。染色も漂白もしていません。ノリもアイロンも使用していないワイシャツです。パッケージにも入っていません。

このワイシャツのタグを切ってしまうと、どこの商品かわからなくなります。つまり、着やすさや洗いやすさ、保湿性など、素材と機能だけで勝負して勝てる商品をつくろうというのが、無印良品のキャッチコピーにもなった「モノしか見えないモノをつくる」なのです。

したがって、デザイナーや生産者の名前を出すことは一切ないのです。もちろん、宣伝に有名人を使うことも一切ありません。

商品そのもので勝負するのが、無印良品なのです。デザイナーの名前や有名人を使って売れた商品は、本当の売上には数えられないと考えるブランドなのです。

無印良品の「やらない原則」

これ以外にも、無印良品には「やらない原則」がいくつかあります。

ＭＵＪＩのロゴは商品につけません。また、強い色は避け自然の色しか使いません。機能を追加しすぎません。シンプルに徹します。もちろん、店では無印良品の商品以外は売りません。

だからこそ、大量の不良在庫をすべて焼却処分したのです。無印良品のタグを外して下取りのルートを使って売りさばけば、いくらかのお金になったのではないかと言われたことはこれまでに何度もあります。しかし、シンプルを売りにしているだけに、無印の商品だったことはわかってしまう。そうしたら、売れ残りを別の会社に安く流して処分しているといううわさがあっという間に広まり、せっかく築いたブランドが壊れてしまいます。

自社の創業哲学は、経営が正しい方向に進んでいるかを評価するための最もシンプルで、最高の基準でもあるのです。

無印良品の商品は、何の変哲もないようでいて、じつは暮らしに溶け込むよう緻密に計算されつくされたデザインです。そのために、世界の一流のデザイナーにデザインをお願いしたり、日本を代表するメーカーに製造を依頼するなど、ものづくりについては妥協を許しません。デザインも製造技術も世界トップクラスなのです。

「シンプルな商品ばかりで、真似されたらどうするのか」

こう心配される人もいるかもしれませんが、逆に、**シンプルだからこそ、真似するのが難しい。「ちょっと真似てやろう」では、つくろうにも同じものはつくれないのです。**

たとえば、私が手帳に書くときに使っているシャープペンシル。再利用できるアルミ製で、500円くらいです。軽くて丈夫で書きやすく、芯もあまり折れません。デザインも文具メーカーのものよりすっきりとしていて飽きがきません。

デザインと機能、この両方を高いレベルで兼ね備えているのが無印良品の商品なのです。もし真似して同じものをつくって500円で売ったとしたら、おそらく利益は出ないはずです。

さきほどお伝えしたとおり、2002年に衣料品の商品開発にヨウジヤマモト社が加わり、翌年の春夏物から衣料品がガラリと変わり売上を伸ばしたのに続き、2003年には家具や生活雑貨のデザインを世界の著名なデザイナーに依頼してつくる「World MUJIプロジェクト」を開始します。これにより、2004年から家具や生活雑貨の売れ行きも伸び始めます。

商品開発に1年かかることはわかっていたので、社長になった1年目から商品開発改革に手をつけ、PDCAを回してはいましたが、数字としての結果が出たのは3年目以降となりました。

02 商品開発はPDCAで前進する

小さなPDCAを回して改良を重ねる

商品開発のプロセスを確認すると、半年に一度の商品戦略会議で商品開発の方針を決め、具体的な商品の開発アイテムを決めます。これが、序章でも紹介した、私が捨てずにいつでも見られるように管理していた商品計画書です（P）。

そして、ファーストサンプル、セカンドサンプルとつくられていき、最終サンプルをつくります（D）。この間も、小さなPDCAを回して改良していきます。

最終サンプルは、アドバイザリーボードの審査を受けます（C）。アドバイザリーボードでは、この商品は無印良品として販売してもいいか、品質だけでなく哲学も含めて判断します。たとえば、色は派手すぎないか、装飾は華美になっていないか、チープな

● 商品開発のPDCA

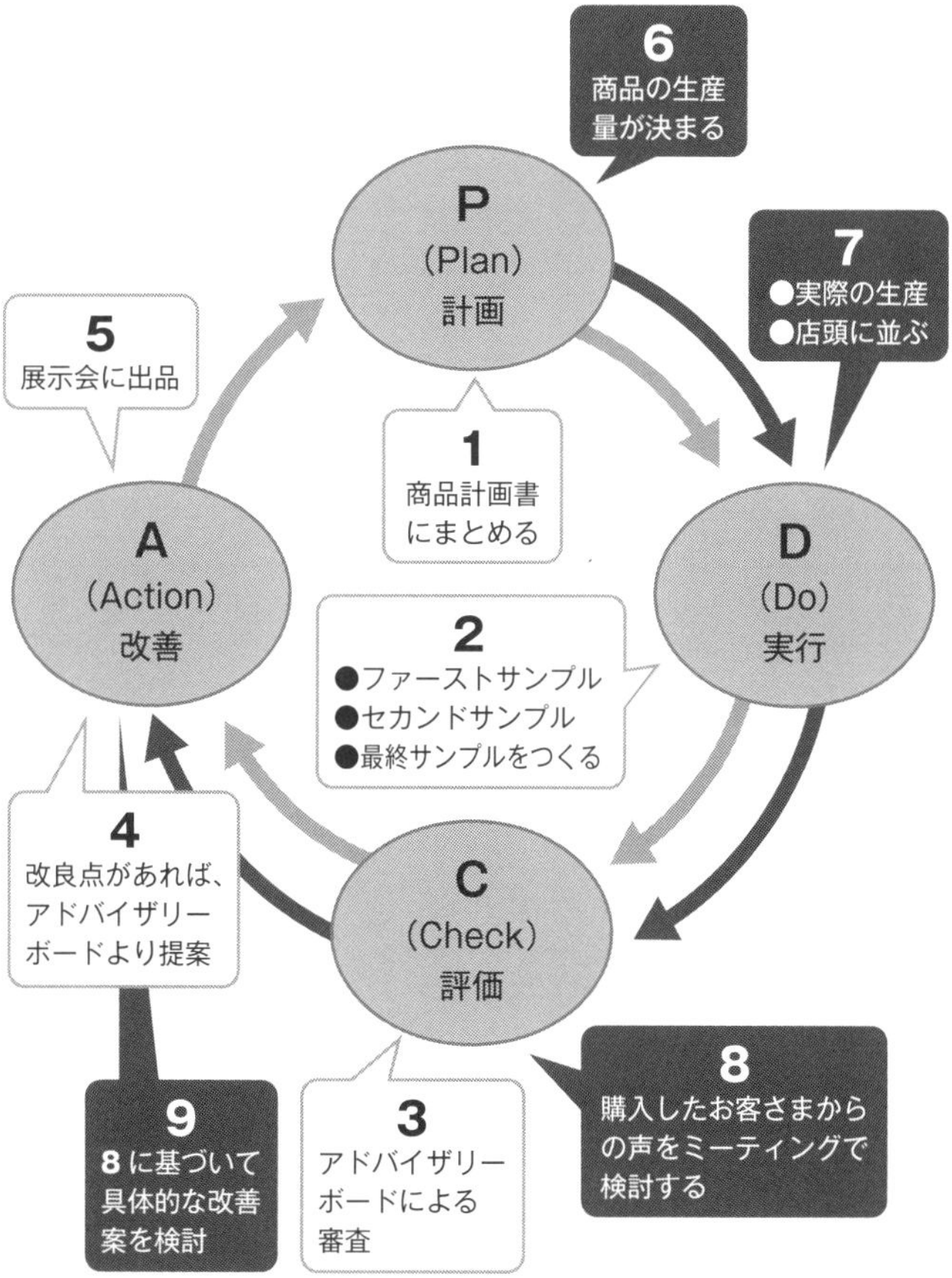

P
(Plan)
計画
D
(Do)
実行
C
(Check)
評価
A
(Action)
改善
1
商品計画書にまとめる
2
●ファーストサンプル
●セカンドサンプル
●最終サンプルをつくる
3
アドバイザリーボードによる審査
4
改良点があれば、アドバイザリーボードより提案
5
展示会に出品
6
商品の生産量が決まる
7
●実際の生産
●店頭に並ぶ
8
購入したお客さまからの声をミーティングで検討する
9
8に基づいて具体的な改善案を検討

素材を使っていないかなど、無印良品のコンセプトを逸脱していないかをチェックするのです。そこで改良点があれば、提案されます（A）。

アドバイザリーボードで承認された商品は、展示会に出します。この展示会に、国内はもちろん、世界中から社員が集まるほか、ルミネやファミリーマートの担当者、メディアも集まります。この展示会が開催されるのが、だいたい発売の5カ月前。春夏の新商品であれば、11月に開催されます。

展示会の反響を見て、それぞれの商品の生産量が決められ（P）、実際の生産に入っていきます。新商品は、早いものが1月から店頭に並び始め、4月にはすべての新商品が市場に出揃います（D）。

そして、購入したお客さまの声として、クレームや要望が寄せられ、それらを毎週火曜日に開かれるお客さまの声ミーティングで評価し（C）、改善案を検討します（A）。これは新商品に限りません。既存商品もPDCAサイクルの中に入ってきます。

さらに、毎月、月に一度の会議で、新商品を含めた全商品の改廃が決まります。不具合のあった新商品も、このPDCAを何度か繰り返すことで機能と品質の高い新商品へと生まれ変わるのです。

03 商品を磨く毎週の「C」「A」と月1回の会議

新商品は半年後に買うといい!?

商品開発のプロセスでとくに大切なのが、お客さまの声に基づいて行う「C」「A」です。お客さまの声に謙虚に耳を傾け、そのクレームや要望に真摯に向き合って「C」「A」を行うことで商品の機能と品質が高まっていく。これが非常に重要なのです。

実は、私が手帳に書き込むときに愛用しているアルミのシャープペンシルも、実は最初からこれほど書きやすかったわけではありません。

発売後、半年くらいの間に、「芯が折れやすい」「書きにくい」「芯が詰まった」といったお客さまの声が寄せられました。そうした不具合を一つひとつ直していく、改良していくことで、現在の機能が実現できているのです。

自動車でも、ニューモデルが発売されたら、半年くらい待って買ったほうがいいと言われます。これも同じことで、発売直後に買って乗り始めた人が、いろいろな不具合を感じたり発見したりしてメーカーに伝えます。メーカーはそれらの不具合を一つひとつ直して改良していくのです。

だから、不具合が出切って、それらが改良された商品が出回る半年後に買ったほうがいいというわけです。

シャープペンシルも、新発売時のものと半年後のものの見た目は同じですが、実は中身は微細なリニューアルを重ねて改良されているのです。

これもよく見るとPDCAになっているのがおわかりでしょうか。商品開発の計画を立て（P）、実際に新商品を製造し発売します（D）。しかし、それで終わりではなく、お客さまのクレームや要望を聞き（C）、不具合を直して改良する（A）。これを繰り返します。

良品計画は、SPA（製造小売業）なので、お客さまの声をダイレクトに受け取ることができます。これは大きな利点で、お客さまの声を次々とお聞きし、それに真摯に向き合い、改善、改良を加えていけば、商品の機能や品質を向上させることができるのです。

● 商品改善のためのPDCA

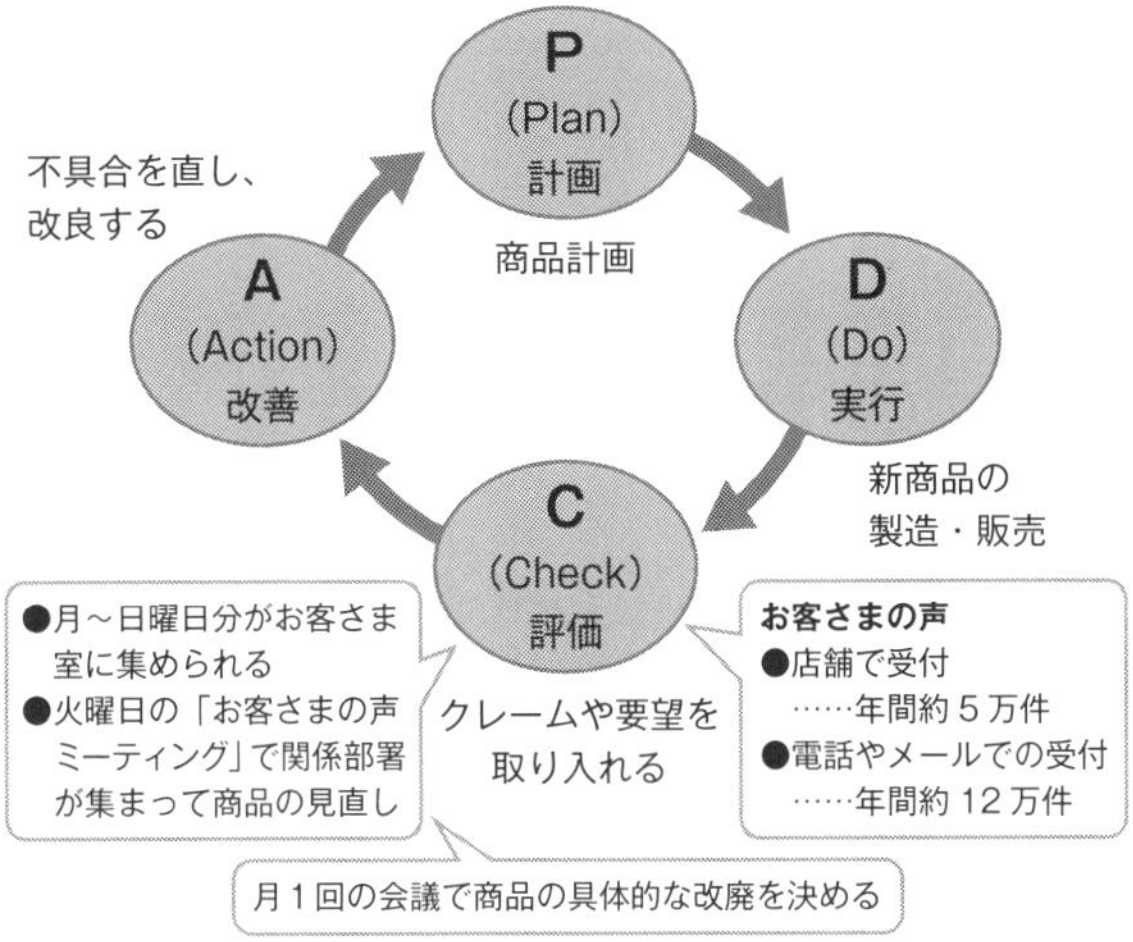
P
(Plan)
計画
商品計画
D
(Do)
実行
新商品の
製造・販売
C
(Check)
評価
クレームや要望を
取り入れる
A
(Action)
改善
不具合を直し、
改良する
お客さまの声
●店舗で受付
……年間約５万件
●電話やメールでの受付
……年間約12万件
●月～日曜日分がお客さま室に集められる
●火曜日の「お客さまの声ミーティング」で関係部署が集まって商品の見直し
月１回の会議で商品の具体的な改廃を決める

お客さまの声は、店舗で直接聞く分が約5万件、電話やメールなどが約12万件で、1年間に約17万件寄せられます。お客さまの声は、月曜から日曜までの1週間分がお客さま室に集められ、火曜日に開かれる「お客さまの声ミーティング」で、商品部や品質管理、生産管理の担当者が話し合い、どこをどう直すかなどを決めます。商品を見直す、「C」と「A」のための会議です。

それを受けて、月に一度、商品の具体的な改廃を決める会議が開かれます。「この商品はここをこう改良します」、または、「この商品はどう改良してもダメなので廃棄します」という改廃を決めるのです。

04 「C」と「A」でやめる仕事を決める

見直しで大切なのは無駄を省くこと

構造改革を行ったのは、商品開発だけではありません。ありとあらゆる仕事のやり方を見直し（C）、改善（A）していきました。

「見直し」と「改善」と聞くと、何か作業や手順が増えるように受け取られることもありますが、私が見直しにあたって大切にしたのは、ムダを省くこと。

やらなくてもいい、やめてしまえる仕事がないか、どうしたらその仕事をやらなくてもすむようになるか、という視点で仕事を見直したのです。現在やっている仕事を次々とやめることができれば、生産性がどんどん上がるからです。

たとえば、一番厳しかった2001年度の直営店の人件費率は約11％ありましたが、構造改革後の2005年度の直営店の人件費率は約8・6%に下がります。金額にして約31億円の削減です。

リストラによる人員削減はまったく行っていません。では、何をやったのか。

まずは、大型商品の店舗からの発送の廃止です。

「これをやめたら効率が上がる」という仕事はないか?

無印良品の商品には、ベッドや自転車、布団など、大きなものがあります。こうした大型商品は、購入者の自宅まで送る必要があるため「配送商品」と呼ばれます。

この配送商品がたくさん売れれば売れるほど、店の従業員の残業が増えます。なぜなら、閉店してから、段ボールに詰めるなどの梱包作業や、伝票をつくったりと配送手配を行うからです。この仕事がなくなれば、店の従業員の残業が大きく減ります。

現状の仕事を見直す際には、やはり効果が大きいものを優先すべきでしょう。 この仕事がなくなれば大きく生産性が上がるというものがないか、評価(C)するのです。

配送商品の改善(A)は、店から送るのをやめ、物流センターから購入者の自宅に直接送るというものでした。物流センターに梱包された配送アイテムを用意しておき、注文を受けた店から物流センターにその情報を流します。物流センターは、商品の発送を日常的にやっているので、すぐに受注商品の発送手配ができます。

もっと簡単にすませる方法はないかという発想

店頭に商品を迎え入れる、店での納品作業も時間と手間のかかる仕事でした。朝方、トラックが店に着き、商品をおろし、その商品を店員が受け取って荷ほどきし、店のそれぞれの該当箇所に陳列していきます。もちろん、この仕事はなくすことはできませんが、もっと簡単にできるようにならないか、改善策（A）を考えました。

まず、トラックは道が空いている夜に走らせます。さらにあらかじめドライバーに店の鍵を預け、店の中、それも該当する売場、棚まで商品を運んでもらいます。ステーショナリーが入った折り畳みコンテナは、ステーショナリー売場に置いてもらうといった具合に。

このようにカテゴリーごとに折り畳みコンテナがあり、それらの折り畳みコンテナがカゴ車と呼ばれる台車に積まれているので、ドライバーはカゴ車をガラガラ押しながら、売場ごとに商品が納められた折り畳みコンテナを置いて回ります。

朝、出店した店員は、自分の担当の折り畳みコンテナから商品を取り出してすぐ側の売場に陳列するだけですから簡単に作業を終えられます。

また、売れ残りの返品作業というのも面倒な仕事でした。返品するそれぞれの商品の取引先や原価を調べて伝票を起票し、それを付けて商品を送り返す。人の手でやっていた仕事を機械化して、自動的に伝票がつくれるように改善することも可能でしたが、その仕事をなくしてしまうほうがより効率的です。

このケースの改善策（A）は、「店長に廃棄権限を与える」です。返品せずに捨ててしまえば、返品作業はなくなります。店長が廃棄を決定し、営業課長が回ってきてそれをチェックしなくてもいい仕組みにしました。これで良品計画からは、返品作業がなくなりました。

人を減らすと指示も減る

本社と各店舗をつなぐ連絡方法にもムダが隠れています。営業課長から各店長への指示日報というものがありました。「新商品がいついつ届くからそれをこのように店頭に並べて……」というような指示日報が、一日にいくつも店に送られてくる。そうすると、店はその対応に追われて仕事が煩雑になり困るわけです。

それ以外にも、アンケートや報告書をつくる指示なども店には届きます。こうした指示が多くなれば多くなるほど、店長と店員の仕事が増え、場合によっては対応しきれなくなります。物理的にできないので、指示が来ても無視するようになり、店の実行力が下がります。

そこで、改善策（A）として考えたのが、それまで営業課長（エリアマネジャー）の下についていたスタッフの数をゼロにすることでした。2～3人いた営業課長のスタッフが細かく指示を出せば出すほど、店は忙しくなるからです。スタッフをゼロにすることで指示は営業課長が一人で出せる量に絞られますから当然、指示日報が激減します。指示が減れば、店も対応できますから実行力は上がります。

欲しい情報が瞬時に手に入る仕組みをつくる

お客さまの商品に関する質問や問い合わせに答えるのも、じつはかなり大変な仕事でした。たとえば、グラス一つをとっても、お客さまの質問は多岐にわたります。「食洗機で洗えますか？」「ガラスの原料に鉛は入っていませんか？」「どこで生産されているのですか？」

いくら商品教育を行っても、商品が多いのでとてもすべての内容は覚えきれません。個々の商品については、事前にまめにネットで情報を把握してから来店されるお客さまのほうが店員よりも詳しく、さらに細かな情報を求めてくるケースも増えました。その求めに応じて質問に答えられるのは、会社全体を見渡してもその商品づくりに携わった2、3名だけというのが実情です。

この場合の改善策（A）は、ウェブカタログづくりでした。各商品の詳細な情報を管理していた「商品マスター」を店の携帯情報端末でお客さまにも見られるようにしたのです。これで質問や問い合わせの6割以上に答えられるようになりました。

商品教育をする必要がなくなり、質問された内容の情報を加えることで、さらに情報は詳細になり、質問や問い合わせは減っていきます。

このように、単純に人員を減らすのではなく、仕事を減らして仕事の効率化を図り、一人当たりの生産性を上げる構造改革を行いました。

● さまざまな業務のCAの例

見直す業務 （Cで洗い出す）	やめたこと （Aで改善）
店舗からの大型商品の配送	物流センターからの直送に切り替え
店頭への商品の搬入	朝の配送と、店員の受け取りの廃止。夜間に配送し、ドライバーに直接、商品の入った折り畳みコンテナを売場の各棚の前に配置してもらう
売れ残り商品の返品作業	店長に廃棄権限を与える
本社の営業課長（エリアマネジャー）から各店舗の店長へ指示日報等が出される	営業課長のスタッフをゼロにして、指示自体を減らす
お客さまからの商品への質問対応	ウェブカタログを作成する

仕事を減らす ➡ **人員を減らす**

単純に人員だけを減らすと、手が回らなくなり、店の売場が荒れます。しかし、このように**仕事を減らしてから人員を減らせば、売場が荒れることはありません。**

配送商品の梱包・配送がなくなり、納品作業が簡単になり、返品作業がなくなり、指示日報が減り、お客さまの質問への対応が減れば、7人いた店員を5人に減らすことができます。一人ひとりの労働強化を行うのではなく、現状の仕事を評価し（C）、楽になるように改善して（A）、合理的に人員を減らすことで、人件費率を2％以上下げたのです。これはまさに、「C」と「A」の賜物なのです。

05 コスト構造の改革も「C」「A」がカギ

優れた他社に学ぶ

構造改革としては、コスト構造の改革にも取り組みました。

売上高に対する販売管理費（販売費及び一般管理費）の割合が、約34％あったのですが、これを30％にしようという目標を立て、「30％委員会」を立ち上げます。

商品開発の構造改革によって売れ行きが好調になり売上が順調に増えていくのですが、それにともなって販売管理費も増えていました。この販売管理費を減らすことができれば利益が増え、強い構造の組織になります。

そこで、「店舗業務改善」「在庫物流改善」「調達構造」「賃料施設構造」「本部業務」と業務ごとに改革案を検討して「C」からCAPDという順にPDCAを回そうとしたのですが、現状のやり方に慣れて満足してしまっている自分たちだけでは、評価も甘くなり、改善案も良い知恵が出ませんでした。

商品開発のときにはヨウジヤマモト社を外部から引き入れて成功しましたが、同様に、外部の知恵が必要だろうということで、**他社を研究して良品計画のやり方との違いを見つけ（C）、他社のやり方を学ぶ（A）ように変えて、ようやくＰＤＣＡが回り始めます。**

たとえば、当時の無印良品には値札が２０３種類もありました。これを減らそうと考え、しまむらを研究すると、しまむらには値札が３種しかないことがわかりました。さっそくそのやり方をヒントにして無印良品でも半数以下の97種類に減らします。

さらに値札に関する取引先が25社あったのを2社にします。これにより、値札の経費が５億円から２億５０００万円に半減できました。

また、キヤノンでは、「海外アソート」といって、海外でつくった部品を日本全国にすぐに配送できるように海外で仕分け（アソート）してから40フィートのコンテナに積み込んで日本に輸入していました。

日本で仕分けるよりも、人件費の安い海外で仕分けたほうが、費用が安くなるのは誰にでもわかるでしょう。しかし、海外で仕分けると、仕分けされた一つひとつのパッケージに入れる量が減り、全体として運べる量が減ってしまいます。つまり、空気を運んでいるような状態になってしまうのです。

良品計画の場合、40フィートのコンテナで4000万円分の商品が運べたのが、海外アソートを行うと1000万円分の商品しか運べなくなってしまいます。4分の1に減ってしまうのです。

海外で仕分けを行い、さらに一つのパッケージにできるだけたくさんの商品を詰めるためにはどうすればいいか。

キヤノンは、その効率が抜群で、普通なら一つのパッケージに2000個しか部品が入らないところ、さまざまな工夫で1万個入れていました。40フィートコンテナは巨大な箱です。その箱のすべての空間を活用するように、専用の立体型の収納ケースをつくり出したのです。この収納ケースに部品をびっしり詰め、収納率を5倍にも上げていたのです。こうした工夫を学ぶことで、海外アソートを行い、かつ4000万円分に近い量の商品を運べるようにします。

もう一つ例を挙げましょう。無印良品の店舗は、当時、売場が85%で、残りの15%は

●　30%委員会で検討された事例

見直す事例（Cで洗い出す）	参考にした先進企業	やめたこと（Aで改善）	
値札の種類が203種類、供給会社は25社	しまむら	値札は97種類、供給会社は２社に整理	経費が５億円から２億5000万円に
海外アソート（仕分け）を使うとコンテナのスペースに無駄が発生	キヤノン	巨大なコンテナの中を細かく仕切る専用の什器を製作	安い海外アソートを使い、日本国内並みの4000万円近くの商品を運べるようになった
店舗でのスペースの有効活用（売場が85％、倉庫15％）	—	在庫スペースになっていた倉庫部分を減らし売場にする	

倉庫になっていました。この倉庫部分のうち５％を売場にすることができれば、売場が90％になり、それだけ売上が伸びます。倉庫の売場化です。

倉庫部分を減らすためには、在庫を減らす必要があります。しかし、在庫を減らして売れ筋の商品が売り切れになり、売り逃してしまえば売上増につながりません。

したがって、店が常に適正な在庫を持つために、売上実績の正確な把握と受発注の精度を上げていくことが求められます。こうした帳票は、前に述べた通り、全商品共通でつくられるように変革していたため、売場の５％増加

● 毎週の30%委員会

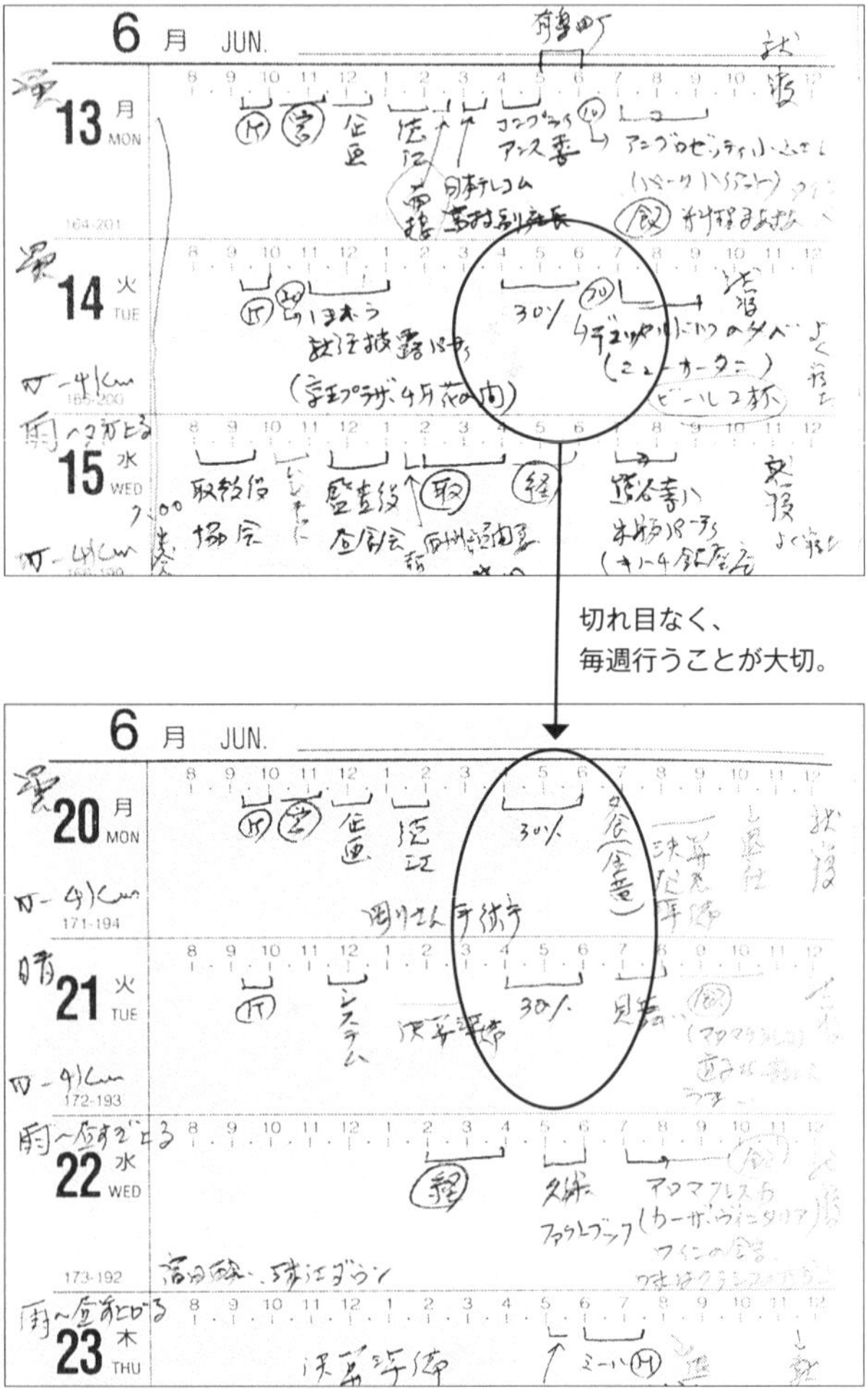
6 月 JUN.
13 月 MON
14 火 TUE
15 水 WED
切れ目なく、
毎週行うことが大切。
6 月 JUN.
20 月 MON
21 火 TUE
22 水 WED
23 木 THU

にもチャレンジすることができたのです。

毎週の「C」で実行100%へ

こうしたコスト構造を変える構造改革を行う30%委員会は、2004年の下期に始まったのですが、この半期だけで93回行っています。半年は26週ですから、毎週3、4回、30%委員会を開いて「CA」を行うことで、構造改革のPDCAをグルグル回していました。

構造改革は、毎週会議を行い、実行の進捗を毎週、毎週、追いかけ続けるのがコツです。2週間に一度、3週間に一度だと、どうしても実行が先延ばしになり、その結果、成果が出ず、いつの間にか尻切れトンボになってしまうからです。

たとえば、先ほど紹介した店の倉庫部分を15%から10%にするケースなら、先週、いくつの店が10%にできたのか、今週は何店できそうなのか、残りはいつできるのか、毎週毎週「Check」を行い、追いかけ続けるしかありません。

300店舗あれば、300店がすべて倉庫部分10%になるまで、進捗を追いかけ続けるしかないのです。それを行うのも、30%委員会でした。

そして、93回行われた30％委員会のうち、私が欠席したのは数回だけです。ほぼすべてに出席したのは、経営のトップがいることで緊張感が生まれ、きちんと進捗率が上がるからです。

裏を返せば、トップがいなければ厳しさが欠け、緊張感がなくなってしまう恐れがありました。だから、取締役会は欠席しても、30％委員会は最優先で出席し続けたのです。

プロジェクト型の会議、ある目的を達成するための会議は、言い出しっぺがいないと前に進まないものなのです。なぜなら、必ず、なかなかやってくれない人がいるから。このやってくれない人をいかにフォローして最終的にやってもらうかが勝負です。

私がやらずに誰かに任せると、達成率95～99％まではいっても、100％にはなりません。それを100％まで持っていくのが、社長である私の仕事でした。私に多くの示唆を与えてくれた『経営は「実行」』（ラリー・ボシディ、ラム・チャラン著、高遠裕子訳／日本経済新聞社）に書かれているとおり、「最後までフォローすることは実行の試金石であり実行力のあるリーダーは皆徹底して絶えずフォローしている」ものなのです。

06 第三者の「C」で現場の真実を知る

営業に関するあらゆることを話し合う監査委員会

実行100％の組織にするために、毎週月曜日に行っていたのが、「監査報告」です。手帳には「監」と書かれています（134ページ）。監査報告についていきなり説明する前に、どんなプロセスで監査やその報告が必要になるのか、順を追ってお話ししましょう。

毎週月曜日の午前中には、営業会議が行われます。ここでは営業の数字だけでなく、営業に関するあらゆることが話し合われ、決められます。

たとえば、店の備品の角に頭をぶつけて子どもがケガをしたという報告があり、とり

● 毎週月曜日の監査委員会

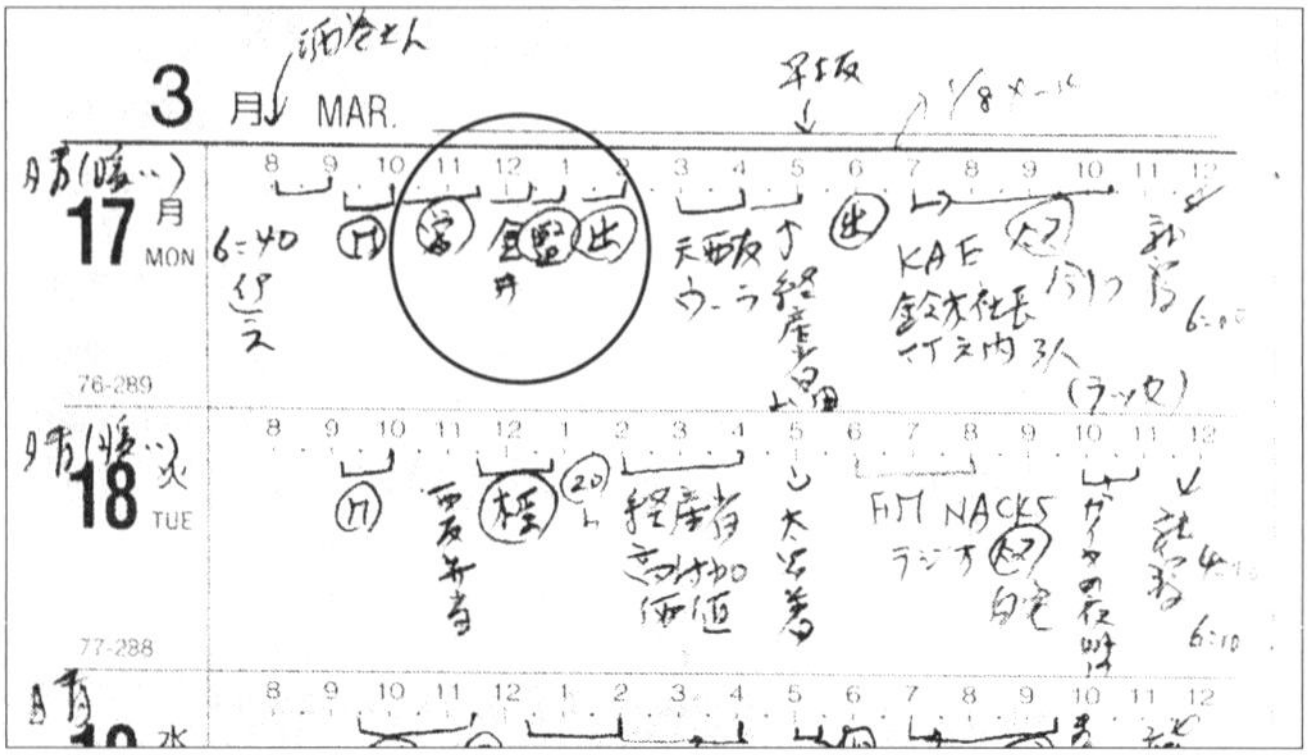

あえず備品の角にクッション材を取り付けることが決まったとします。

ゆくゆくは、角を丸くした角のない備品にしていくにしても、すぐにはできませんので、すぐにできる対応策としてクッション材を付けてくださいという指示が店舗に対して出されます（P）。

しかし、これも指示をしたからといって全店がすぐに実行してくれるわけではありません（D）。翌週の営業会議で販売部から実行の進捗状況が報告されますが、これがだいたい甘めの報告になります。

備品の角という角、すべてにクッション材を付ける必要があるにもかかわらず、一部の備品にしか付けていなくても「実行した店」としてカウントされるといったようなことが行われるのです。

確かに一部は実行しているので嘘ではないのですが、かといって真実でもありません。一方、当然のことながら社長は現場の真実を知る必要があります。そこで、考え出したのが「監査室」による店舗の巡回監査です。

40店で起こっていることは全店で起こっていること

おもに店長経験のある4人前後の専任の監査員が、午前1店、午後1店、監査を行います。月曜日から金曜日までに1人が10店、4人で40店を監査します。その結果の報告が、月曜の午後、直接社長に報告されます。わずか30分の報告ですが、トップに現場の状況を見えるようにすることが目的です。

監査項目は約200項目あり、それを監査するのが通常業務ですが、その都度行われる「クッションを付けてください」といった指示の実行状況も同時に監査してもらい、報告してもらいます。

この監査した40店で起こっていることは、全店で起こっていることとほぼ同じです。

40店中3店がクッション材を備品のすべての角に付けていなかったという報告があれば、全直営店約300店のうち、約20店はクッションを付けていないと想像できます。

監査報告の場には販売部長もいますので、すぐに完全実行に向けて動き出してもらいます。

翌週、また監査報告を受けますが、実行していなかった3店は名指しで実行するように指示がいきますし、それ以外の店にも実行されているかの確認が行われますので、100%実行されたという報告になります。

該当部署の報告だけでなく、第三者の監査（C）報告も行い、実行されていなければ、すぐに実行されるように手を打つ（A）。つまり、監査報告もまた「C」「A」をきっちりと行うための仕組みなのです。

07 MUJI GRAMを「C」「A」で進化させ続ける

「C」「A」の実施はなぜ大切か

ここまでお伝えしたように、勝つ構造づくり、仕組みづくりは、「C」「A」が非常に重要になります。PDCAを回し続けるためには、「C」「A」を強化するのが極意だと言っても過言ではありません。

「P」「D」、つまり計画と実行ができている企業は多いようですが、「C」「A」がきちんとできている企業は意外に少ないものです。実際に、他社の経営者や社員と話をしていると決められたことが実行できていないという話ばかりです。計画し、やってはみたものの、それがいったいどんな結果に結びついたのか、取り組みは不十分ではなかったかなど振り返りから改善への流れがおろそかになっているのです。

言い換えれば、「Ｃ」「Ａ」がきちんとできている企業は、変化対応の実行力があり、順調に事業を進められるわけですから、業績もいいはずです。

とはいえ、良品計画も会社創設時から実行力が低かったため、評価と改善までは手が回っていませんでした。

私が社長になっても、最初の２年間は業績が悪く、とにかく目の前の「やらなければならないこと」が山のようにあり、それらをやり続けて、何とか１００％実行する毎日でした。

やり続けたことの成果がようやく出始めたのは３年目のこと。評価と改善を含めたＰＤＣＡが回る仕組みづくりに着手できるようになりました。

その代表例が、店舗を回すノウハウのすべてを収めた業務マニュアル「ＭＵＪＩ《ムジ》ＧＲＡＭ《グラム》」です。このマニュアルは、ＰＤＣＡを回す典型的な仕組みです。ＰＤＣＡサイクルに沿って「変化し続けるマニュアル」と表現することもできます。

企業によっては、業務マニュアルが製本されていますが、見た途端に、使えないか、使われていない業務マニュアルだとわかります。なぜなら、製本されているということは、内容がずっと変わらないこととイコールだからです。

● MUJI GRAM以前の良品計画のマニュアルと現在のMUJI GRAM

1992年頃に使われていた良品計画の店舗運営マニュアル。
バインダーに製本されて収められている。

合計13冊のファイルに店舗でのさまざまな業務が分類されている。

残念ながら、人も商品も、サービスも急激に変化を続ける時代に、何年間も内容が変わっていない業務マニュアルが役立つはずがありません。

正しいMUJI GRAMの使い方とは

店舗での仕事の基本ですから、新入社員は、MUJI GRAMをもとにした研修を行い、各自の仕事に関する部分は、さらによく読んでもらい理解を深めてもらいます。そして、実際の店の現場ではマニュアルに沿って仕事を行います。店では先輩も同僚も部下も全員が同じやり方で仕事をしています。したがって、MUJI GRAMに載せておけば、100%同じやり方で実行されることになります。実行力100%の仕組みです。では、実際にどのように使われているのか？

たとえば「あれ、これでよかったかな？」と思ったら、MUJI GRAMを見て正しいやり方を確認します。

また、日々仕事をしていると、ときに、「こうしたほうがいいのでは」という改善案が浮かびます。そうしたら、店舗の端末から改善提案を行うことができます。該当ページのフォーマットに沿って書き込めば、改善案を提案できる仕組みです。

たとえば、店長には、取得するべき資格が、防火管理者、酒類販売管理者、食品衛生責任者など、9つあります。これを店長になってから取得するようにしていたのですが、店長は忙しくて取得するのが大変なので、店長になる前に取得することにしてはどうか、という改善提案が行われました。

こうした改善提案をエリアマネジャーが検討し、これまでの方法より良くなると認められれば承認され、その改善提案が本部関連部門で採用され、MUJI GRAMが書き直されます。

MUJI GRAMは13のファイルに合計約2000ページが綴られていますが、改善提案によって、毎月約20ページ、全体の約1%が改訂されます。つまり年間で12%変わるという計算になります。それは、それだけMUJI GRAMが進化したことの証左でもあるのです。

08 良いPDCAが回り続けるしかけをつくる

放っておけば良い仕組みも衰退するもの

ＭＵＪＩＧＲＡＭに限りませんが、ＰＤＣＡは、回し始めが一番難しく、回り始めれば、利便性を実感できるようになり、習慣にもなりますので、自然と回り続けるようになります。

とはいえ、油断は禁物です。**どんなに良い仕組みも、人間は飽きます。ゆえに、どんなにうまくいっている仕組みでも、油断をすると徐々に衰退していくのが常です。**

そうならないように、常にフレッシュな情報を出して、アメもムチも使いながら叱咤激励し、継続していくことに注力することが大切です。

パートやアルバイトも含めた店で働く人たちの知恵と工夫の詰まった提案で進化し続

けるＭＵＪＩ ＧＲＡＭも、何もしなければ、提案は尻すぼみで少なくなります。ですから、提案1件につき５００円などと賞金を出す、優れた提案には半期に一度社長賞を授与するなど、提案を減らさないためのさまざまな工夫を行いました。

たとえば、提案強化月間を設定し、店ごとに競争してもらう。20件提案している店があると、５件しか提案していない店はがんばり出します。良い提案は表彰し、賞金や商品を出します。

そして何よりも、自分の提案が採用された人は、ＭＵＪＩ ＧＲＡＭが自分の要望通りに書き換えられたことに、満足感や充実感を味わうことができます。これが「また、提案しよう」という動機付けにもなります。一度喜びの味を知ると、またその味を味わいたくなるのです。

マニュアルに「仕事の目的」を加えた理由

ＭＵＪＩ ＧＲＡＭには、それぞれの仕事の目的も、あるときから書かれるようになりました。実際、仕事のなかには、気の進まない作業もあります。それを単なる作業だと思うと、よけいにやりたくなくなるものです。

しかし、その作業の目的として、「お客さまのために見やすく、取りやすく、選びやすくする」と書かれていたらどうでしょう。作業ではなく、お客さまのために行う大切な仕事なのだと思えるのではないでしょうか。

これも改善提案によるＭＵＪＩ ＧＲＡＭの進化の一つです。

そして、「お客さまのために」を店員が常に意識することで、売場がきれいになれば、売上も上がりますし、何よりも、無印のファンをつくることにつながります。

昔は１００人店長がいれば、１００通りの売場になったのが、ＭＵＪＩ ＧＲＡＭによってどこの店もベストの売場を効率よくつくれるようになりました。

マニュアルや仕組みは、つくって終わりではありません。「仏作って魂入れず」という言葉があるように、マニュアルや仕組みも、つくっただけでは動き出しません。私は、「血を流す」と表現していましたが、人間の体の中を血液が常に流れ続けているように、

血が流れ続けるマニュアルや仕組みにして、はじめて効力を発揮するものとなるのです。

コラム

「MUJI GRAM」を生んだ新店オープンの混乱

手帳には、シャープペンシルで書くのが基本で、蛍光ペンはもちろん、赤や青色のボールペンも使わない主義です。

ちなみに愛用のシャープペンシルと消しゴムは無印良品の商品です。シャープペンシルは、細身のアルミ製でワイシャツの胸ポケットに挿して使っています。消しゴムもノック式で便利なのですが、残念ながらもう販売していません。販売中止が決まったときに、私はまとめ買いして、それを今でも使っています。

文字は黒一色。まさに〝色気〟のない手帳ですが、行動を淡々と書きとめたキーワード一つで、そのときのことを昨日のことのように思い出すことができるから不思議です。

1994年の9月の第2週の見開きの右ページに「柏髙島屋」とあります。このとき、「MUJI GRAM」をつくる発端となるエピソードが起きました。ただ、それらしいことは手帳のどこにも書かれていません。しかし、手帳を見るだけで思い出せるのです。

事業部長になってはじめての新店出店だったので、オープン前日に売場の点検に行きました。夕方6時頃には、売場はだいたいできあがっていたのですが、そこに、他店のベテラン店長が応援にやってきました。

「これじゃダメだ。ここは、こうしたほうがいい」

そう言って売場を直し始めました。彼のアドバイスにしたがって売場を直し終えた頃、別のベテラン店長がやってきて、「これじゃダメだ」と言って売り場を直し始めました。議論は白熱し、夕方に一度できあがっていた売場は、深夜0時を過ぎてもまだ完成しませんでした。

そのベテラン店長に悪気があったわけではありません。入社すると、尊敬できる店長やかわいがってくれた店長の背中を見て育ち、そのやり方に学んでいきます。徒弟制度のようなものです。したがって、100人の店長がいると、売場づくりは100通りになるのです。100人に2人くらいは完璧な売場をつくります。しかし、残りの98人は70点くらいの売場しかつくれません。お客さまのためには、90点

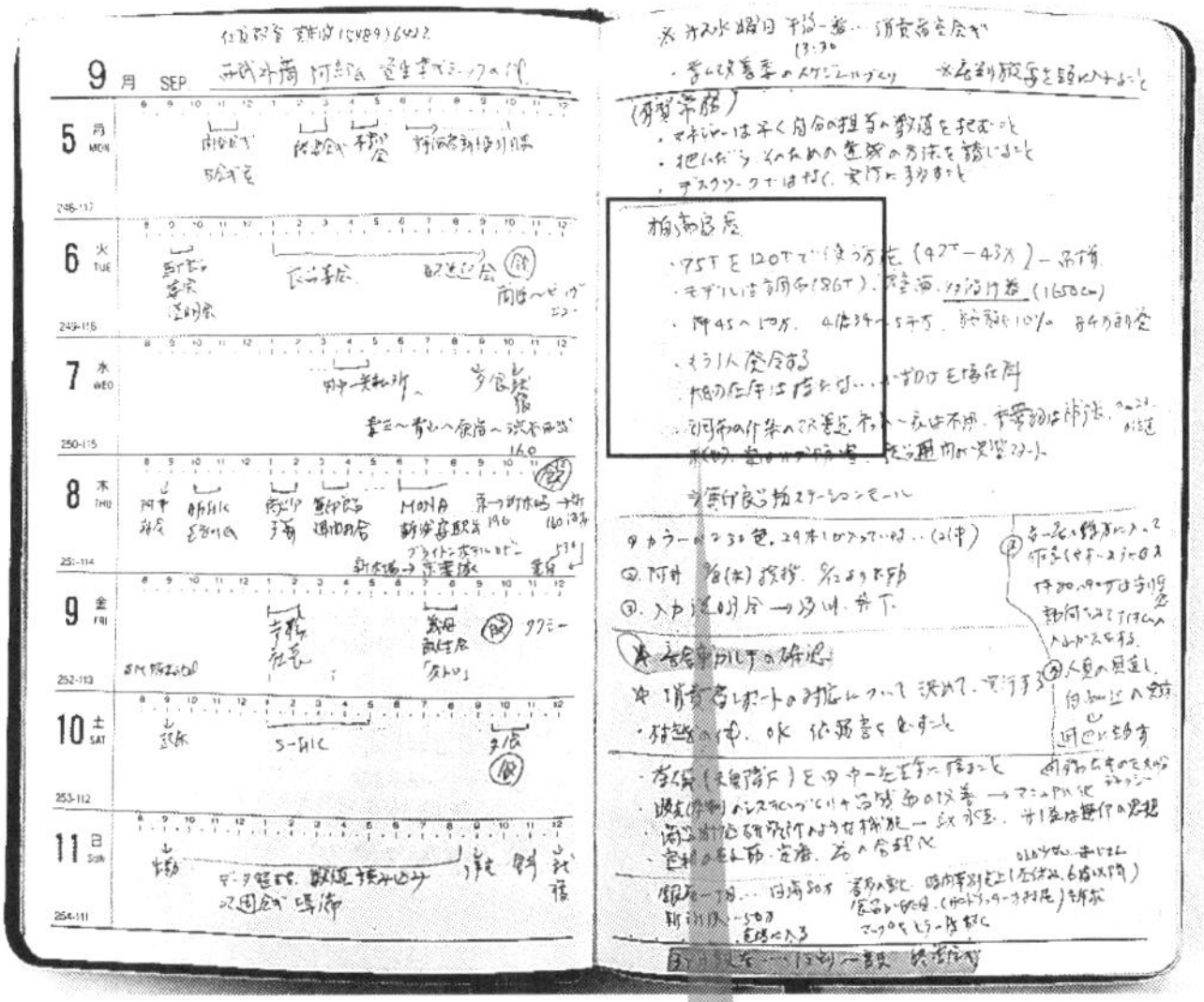

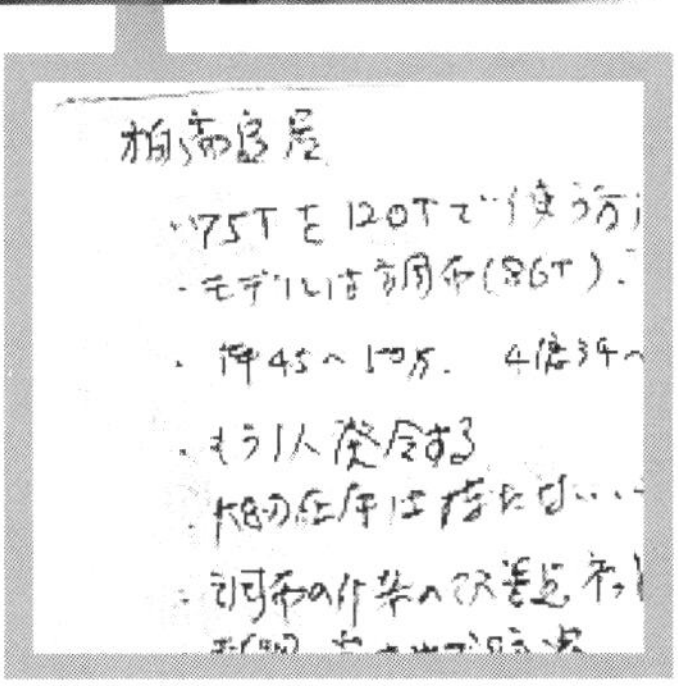

1994年９月１日から無印良品事業部長に。ちなみに、この年の手帳を見ると、土日も全部、仕事のスケジュールが入っており、約半年間、休みなしで仕事をしたことがわかる。これほどの仕事漬けの日々は、この無印良品事業部長になったときと、社長になったときの２回だけ。

以上の店が100店あることのほうが大事なのです。

「これじゃダメだ」と思った私は、誰が店長であってもベストの売場がつくれるマニュアルをつくろうと決心します。それが後のMUJI GRAMです。

しかし、手帳には何も書いてありません。書いてあるのは、「もう1人発令する」の一言のみ。販売が好調で人手が足りなくなったので、もう一人店員を補充するというメモだけです。

それでも、その日のことは事細かに思い出すことができます。「経験主義ではダメだ」とこれまでにないほど痛感したので、手帳に書くまでもないと思ったのです。

それほどまでに、絶対に忘れられない、忘れてはならない出来事でした。

4章
風土を変えるDDDD

01 社内コミュニケーションは「Ｃ」と「Ａ」の繰り返し

後回しにしがちな「長期的に見ると重要度が高い」仕事

前章では、ＰＤＣＡを回し続けるためには、「Ｃ」「Ａ」が特に重要で、会議など「Ｃ」「Ａ」を毎週行う仕組みをつくることで実行の進捗を着実に上げたり、商品開発における改良・改善やＭＵＪＩ《ムジ》 ＧＲＡＭ《グラム》の改訂を「Ｃ」「Ａ」を中心に行った点などについて述べました。

本章では、会長時代に行った仕組み強化と風土改革、新しい風土づくりについてご紹介します。

社長の仕事は、ここまでにもお伝えしたとおり、常に緊急度も重要度も高い内容の連続です。たとえば、売上を上げるために販売力を上げる、商品力を上げる、国内だけでなく海外を黒字にする、ＭＵＪＩグラムなどの仕組みをつくる……。それらの一つひとつを判断して実行する、その繰り返しでした。

そうなると、**つい後回しになってしまうのが、緊急度は低いものの、長期的に見ると非常に重要度の高い仕事です。**たとえば、風土づくりはその筆頭に挙げられます。

会長は、こうした地味だけれど組織の土台を固める上で欠かせない仕事をこつこつ続けるのが本来の役目であり、社長がやるべき「営業」の部分に手を出し始めると会社はおかしくなっていく――。それが、あまたの会社を見てきての率直な感想です。

会長になって最初に痛感したのは、社内のコミュニケーションの不足でした。

経営は、コミュニケーションの質と量とスピードで決まります。もちろん、単純に仲がいいとか、風通しがいいということではありません。さらに、量が多ければいいというわけでもなく、適切な量を維持することが重要です。スピードは説明するまでもなく、できるだけ早く情報を伝達し合うことです。

加えて、ここで重要なのが、それらのコミュニケーションと、上から下まで、下から上までをどうやってつなげていくか、という問題です。

ボトルネックは「五合目社員」

組織は大きくなればなるほど階層が増えます。良品計画も例外ではなく、上から、会長、社長、取締役・執行役員、部門長・部長……そして課長や店長、一般のメンバーまで、ピラミッド型で組織がつくられています。その際コミュニケーションのボトルネックになるのが、「五合目社員」と言われる中間管理職の存在です。

富士山を想像してください。トップは頂上にいるから、遠くから雲が近づいてくる、まもなく雨が降りそうだとわかる。逆にふもとにいる現場の社員たちは、カエルが泣き出したから雨が降るとわかる。ところが、ちょうど五合目あたりにいる中間管理職には、そのどちらの情報も見えてこない、聞こえてこない。なぜか。それは、その中間層を挟んで上下に雲がかかっているからです。つまり上からの情報も、下からの情報もここで途切れてしまうのです。

この中間層のことを、ある会社では「粘土層」と呼ぶそうです。トップがいくら水(方針)を浸透させようとしても、すべて部長や課長あたりで遮断されてしまう。した

● 組織のコミュニケーションのモデル図

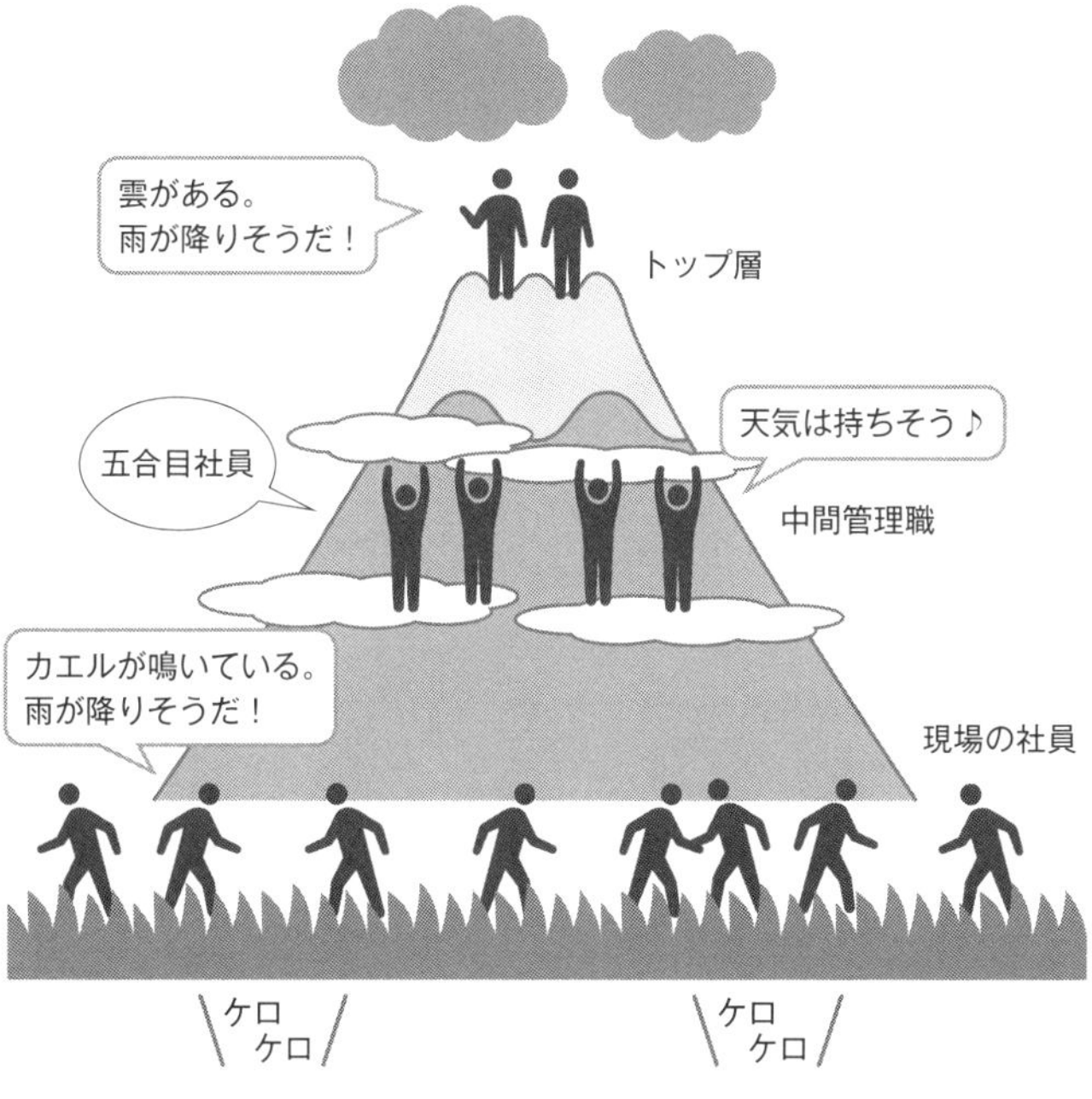

がって、トップダウンにしろボトムアップにしろ、上下の情報を確実に流通させたいなら、そこに自動的にコミュニケーションが生まれるしかけを入れて、伝えたことが確実に実行（D）されているか、CとAを繰り返していくほかに方法はありません。

もちろん、一方でトップ同士のコミュニケーションが大切なのは、いうまでもありません。1章でもお伝えしたとおり、会長になってからは、会議の合間を縫って定期的なランチミーティングの時間を設けていたわけですが、それでも足りず、夜も定期的に飲み会の時間を加えました。こうすることで、毎週確実に社長とコミュニケーションをとる（D）ことができるようになります。社長時代は、自分で判断して経営を進めていけばよかったのですが、会長ともなるとそうはいきません。そうなると、実行の長である社長とのコミュニケーションが必須になるのです。

同時に取締役たちと「平取の会」や「役付きの会」を開いています。これは、私とのコミュニケーションが不足しないようにする狙いもあったのですが、同時に取締役同士の横のコミュニケーションの活性化も意図したものです。

取締役同士、社内で顔を合わせる機会はあっても、話をする時間はありません。3カ月に一度くらいの開催でしたが、それでも飲みながらワイワイやると、コミュニケーションは確実によくなります。

とはいえ、思いつきで集められるほど、彼らも暇ではありません。単なる親睦が目的の趣味の会ではありませんから、確実に集まれなければ意味がありません。手帳を見ながら、3カ月、4カ月先の予定（P）を入れて調整していきます。意図してコミュニケーションのための会を持つのであれば、まずはPDCAの「P」の部分が大切になるのです。

本部と店の情報伝達でもPDCAを回す

店と本部のコミュニケーションを高めるためにつくったのが、店の端末で見られる「朝礼メニュー」の仕組みです。

朝一番にパソコンの画面を開くと、この朝礼メニューが映し出されます。「売上概算日報」「宅送最短指定日」「食品撤去日」「業務連絡」「今日の天気」「今日やること」などが一面に明示されており、店長たちはそれぞれ、これを見ながら朝礼を行います。

数字の管理はもちろん、営業会議で決まったことや、店への指示など必要事項が掲載されているので、情報の伝達漏れを完全に防ぐことができます。また、この画面は、店長だけでなく、パートやアルバイトも見ることができるので、現場の隅々まで情報を行き渡らせることもできるのです。

そして、本部からの指示を実行したら業務連絡欄のタイトル部分をクリックします。すると、画面上のその指示項目に「済」と表示されるとともに、本部にもそれが伝えられます。

ＰＤＣＡでいえば、本部で決まった「Ｐ」を確実に現場に伝えることで、現場の実行力「Ｄ」が上がります。店では、指示を実行した項目と、実行していない項目は、画面で一目瞭然（Ｃ）なので、やり忘れも減らせます。

本部も、どの店が実行していて、どの店は実行していないかがわかります（Ｃ）ので、実行の再依頼もピンポイントで行うことができる（Ａ）というわけです。

朝礼メニューは、本部と店のコミュニケーションを高めるＰＤＣＡを回す仕組みでもあるのです。

02 業務基準書と業務標準化委員会

標準化できなければ組織の運営レベルは上がらない

店の業務マニュアルは、ＭＵＪＩ　ＧＲＡＭをつくりましたが、本社の人事や経理などの業務マニュアルがありませんでした。これがないと複雑な本部の業務は「見える化」できません。**見えないということは標準化できないということです。標準化できないということは、組織の運営レベルを上げられないということです。**また、業務が「見える化」されていませんので、何を教え、学ぶべきかもはっきりしません。つまり、人を育てることもまったくできないのです。

そこで、本部の業務基準書をつくることにしたのです。旗を振ったのは業務標準化委員会です。

まず最初は、「あなたの仕事を書き出してください」と依頼し、現在の仕事を文章と図で「見える化」してもらいます。これを本社の全業務で行い、作成したのが「業務基準書」（P）です。

店舗に比べると、本社の業務ですから時間の自由度もあり、MUJI GRAMよりは早くできましたが、それでも2年くらいかかったでしょうか。

業務基準書もつくって終わりではありません。むしろつくってからが本番です。いかに効率的な仕事のやり方に変えていくかが大切なのです。

たとえば、経理部に新しい人が入ると、担当する部分の業務基準書を読みます。しかし、書いたのはその業務のベテランなので、省略した部分があったりして読んでもわからないということが起きます（C）。ここで、その新人に、わからなかったことを書き出してもらい、その業務のやり方を確認し、業務基準書を書き換えるなり、書き加えるなりします（A）。したがって、新しい人が入ってきたり、業務の担当が代わったりするたびに、業務基準書は充実していきます。

また、店舗と違うのは、法律や規制によって業務が変わることが多々ある点です。人事なら労働基準法をはじめ、さまざまな法律の改正が頻繁にありますし、経理なら会計基準や税法の変更が毎年のようにあります。こうした法律や規制の変更によって業務のやり方が変わりますので、業務基準書もそれに沿って書き直され、項目が書き加えられます（A）。

良品計画は2月決算ですから、3、4、5月の第1四半期の変更分を6月に、第2四半期の分を9月にという具合に、四半期ごとに業務基準書は書き直されていきます。

この修正や加筆を、黙っているとやらない人がいますので、全員が自分の業務の修正や加筆を行ったか確認する（C）必要があります。それを、毎週火曜日の業務標準化委員会で一つずつつぶしていったのです。

業務基準書のPDCAを回しながら、きちんと回っているかを業務標準化委員会がチェックし、できていなければ改善を指示するという仕組みです。

こうして業務基準書ができると、人を異動させるのが容易になります。それまでは、ある仕事に精通したベテランがいると、その人を異動させると業務が滞る可能性や業績が下がる可能性があるため異動させられないという問題がありました。

しかし、業務基準書があれば、誰でもその仕事をできるようになります。もちろん、すぐにベテランと同じようにはできませんが、きちんと引き継ぎを行い、半年、1年とやればだいたいの仕事は誰でもできるようになるものです。

● 業務基準書のPDCA

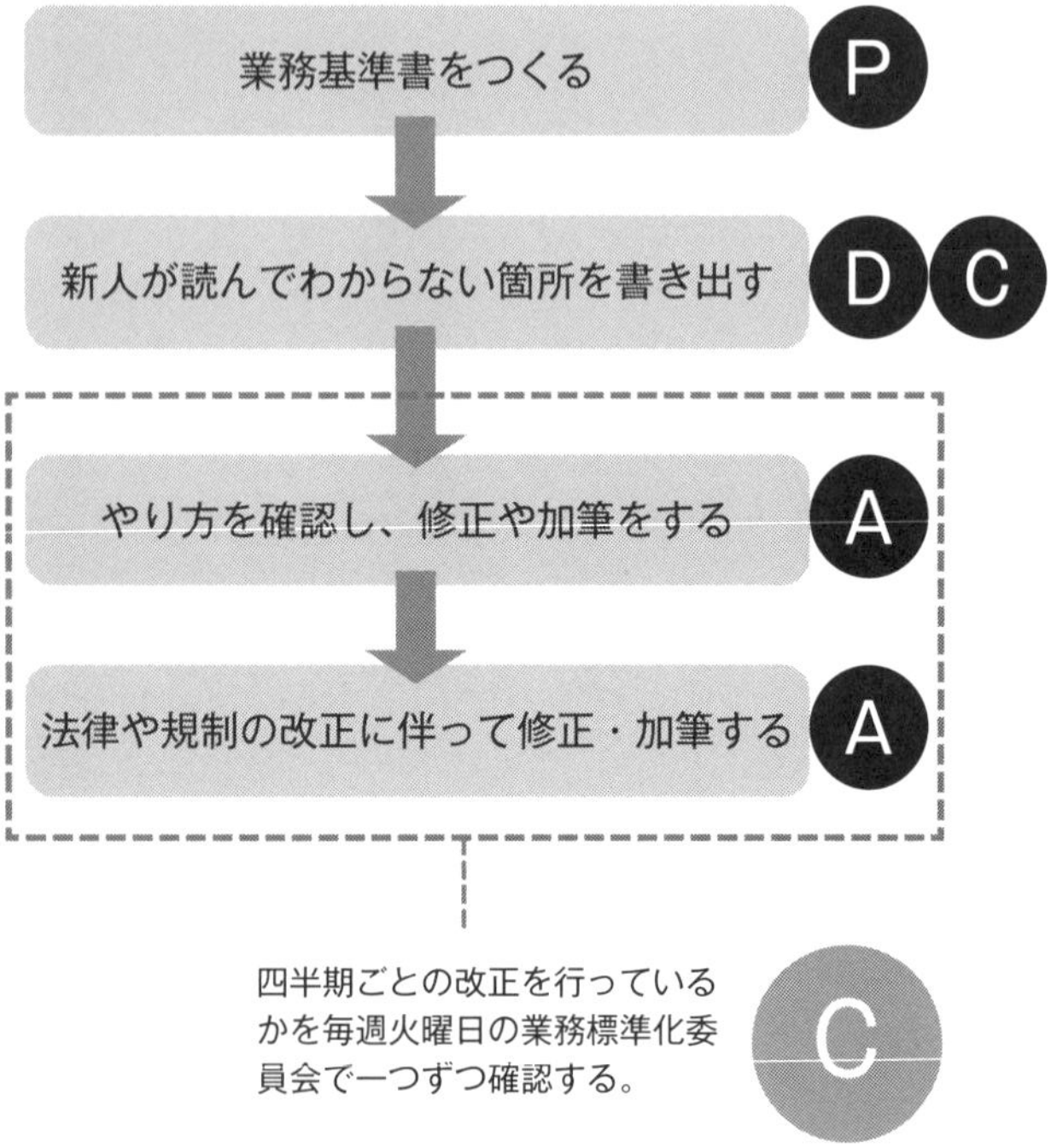

業務基準書をつくる
P
新人が読んでわからない箇所を書き出す
D
C
やり方を確認し、修正や加筆をする
A
法律や規制の改正に伴って修正・加筆する
A
四半期ごとの改正を行っているかを毎週火曜日の業務標準化委員会で一つずつ確認する。
C

業務基準書。部や課単位で15冊が揃う。7センチほどの厚みのファイルに綴じられている。

03 人材育成もＰＤＣＡ

人材育成についても、ＰＤＣＡを回す仕組みをつくりました。

たとえば、30人の部下がいる部長なら、この30人の部下を半年間で、どのように育てるかという計画書を出してもらいます（Ｐ）。

具体的には、新入社員なら担当する仕事の業務基準書のこれとこれとこれをできるようにする、といった具合です。ベテランなら、一般的な業務はすでにできるようになっているので、自分ができる業務をできない人に教えられるようになるといった目標になります。

期初の3月初めにこの人材育成の計画書を作成、提出し、実際に実行（Ｄ）してもらいます。4月には中間報告があります。この中間報告の場が、「人材育成委員会」で、聞き手は役員全員です。

人材育成委員会の目的は、「C」と「A」です。実行の進捗をチェックするとともに、うまくいっていなければ、改善案を考えてもらい、場合によっては目標を変更します。

中間報告後は、また日々の仕事を通して実行に移ってもらい、期末の8月末に、計画と実行の進捗状況を最終的に評価する（C）という仕組みです。

つまり、計画から2カ月で中間報告を行い、進捗の確認をします。大体は計画通りにはいきませんから、早めにズレを調整します。目標や、やり方を変えることもあります。

要は、目的が達成できるかどうかが判断基準です。

そして、期末までにもう1回PDCAを回し、評価します。この評価が、次の半年の目標につながるのは言うまでもありません。

毎半期、これらをやることで人材育成のPDCAが回り続けることになります。

この人材育成委員会の仕組みは、「人が育っている」実感がすぐに持てました。人が育つと、異動もやりやすくなり、異動するとそこで新たな仕事に挑戦し、いつかその仕事もできるようになります。仕事の幅が広がり、人が成長します。つまり、人材育成の好循環が生まれるのです。

● 人材育成のPDCA

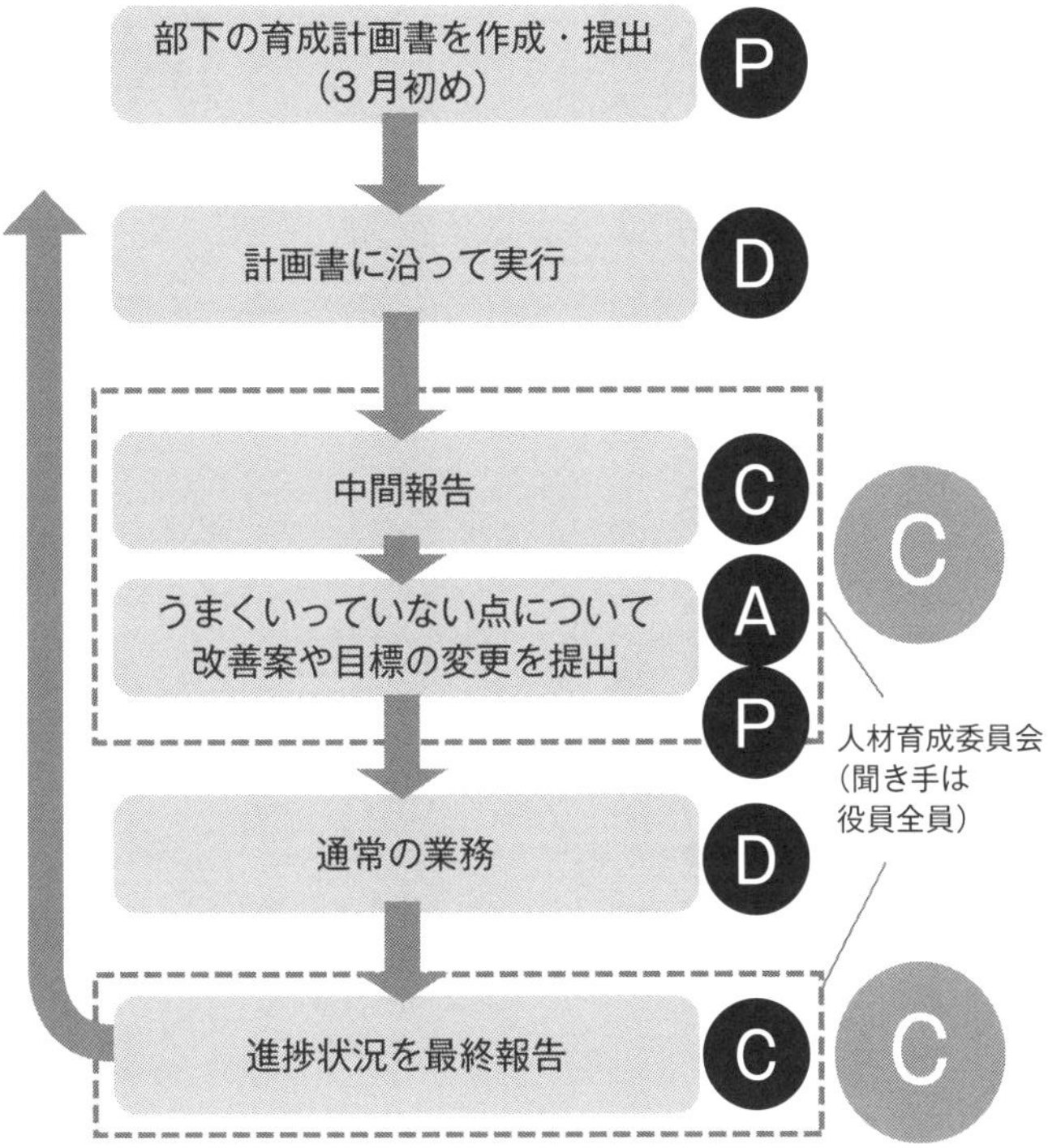
部下の育成計画書を作成・提出
（3月初め）
P
計画書に沿って実行
D
中間報告
C
うまくいっていない点について
改善案や目標の変更を提出
A
P
C
人材育成委員会
（聞き手は
役員全員）
通常の業務
D
進捗状況を最終報告
C
C

04 トップダウンから ボトムアップへ

ボトムアップの仕組みをさぐりに他社へ

会社はトップダウンで動くのが基本です。なぜなら、トップダウンの経営のほうが圧倒的に効率的だからです。ボトムアップや民主主義で物事を決めていたら、経営のスピードが失われてしまいます。

しかし、トップダウンには弊害もあります。まず、経営者や役員たちだけの知恵になってしまい、全社員の知恵が出てこない。また、社員が指示待ちに慣れてしまい、自主性が失われてしまう可能性もあります。

緊急時にはトップダウンの経営を行うしかありませんが、平常時に戻ったら、「ボトムアップの仕組みが必要なのではないか」「全社員の知恵を活かす、社員の自発的な取り組みが今後の成長と生産性の向上には欠かせないのではないか」といった問題意識を持つようになります。

このときも課題解決のヒントは他社にあると考えて他社に目を向けます。なかでもボトムアップはメーカーが得意としています。そこでキヤノン電子に白羽の矢を立て、さっそく視察に行きました。

キヤノン電子では、自発的な小集団活動が行われていました。その目標が「世界一を目指そう」というのにも驚きましたが、実際の内容を見て、再びびっくりさせられました。正社員に限らずパート社員に至るまで本当に全員が自発的に取り組んでいるのです。

どうしたら世界一になれるのか。パートさんたちが出した答えが、「早く出社すること」でした。8時に出社するようにしたのですが、それでは足りない。だんだん早く出社するようになり、とうとう7時には出社するようになりました。主婦が7時に出社するには、その前に家事をすべて済ませなければなりません。ご主人には我慢してもらうにしても、子どもに朝食を食べさせ、弁当をつくらなければなりません。お姑さんはいい顔をしないはずです。また、当然ですが、残業手当を出さなければなりません。工場の隣は労働基準監督署ですから常時残業することもはばかられます。とうとう会社は7

時30分より前には出社しないでくれと言わざるをえなくなりました。

しかし、モラルは格段に上がったのです。また、有名な立ち会議もこの活動から始まりました。会社でムダなものは会議用のスペースと机、椅子だということになったのです。そこで、机と椅子をなくしていったのです。

他社の小集団活動から生まれた良品計画の「WH運動」

ほかにも多くの小集団活動の事例を見せてもらったのですが、どれもすばらしく、自発的な小集団活動の威力を思い知ったことで、何とか良品計画にも同様の仕組みを導入したいと思いを深くしました。

そんな思いで立ち上げたのは、「WH運動」。Wは2倍、Hは半分のことで、生産性は2倍に、無駄は半分にするといった意味合いです。本社の部門ごと、人数の多い部門はいくつかに分かれてもらい、30チームくらいが半期の目標を一つつくります（P）。

手帳を見ると、2009年は、2月19日に「WH上期テーマ発表会」とあります（167ページ）。3月の期初から実施するために、この時期に目標の発表会を設定しました。

5月に中間発表を行い、進捗を発表してもらいます（C）。そして、期末の8月27日

● WH発表会の記録

・2009年２月

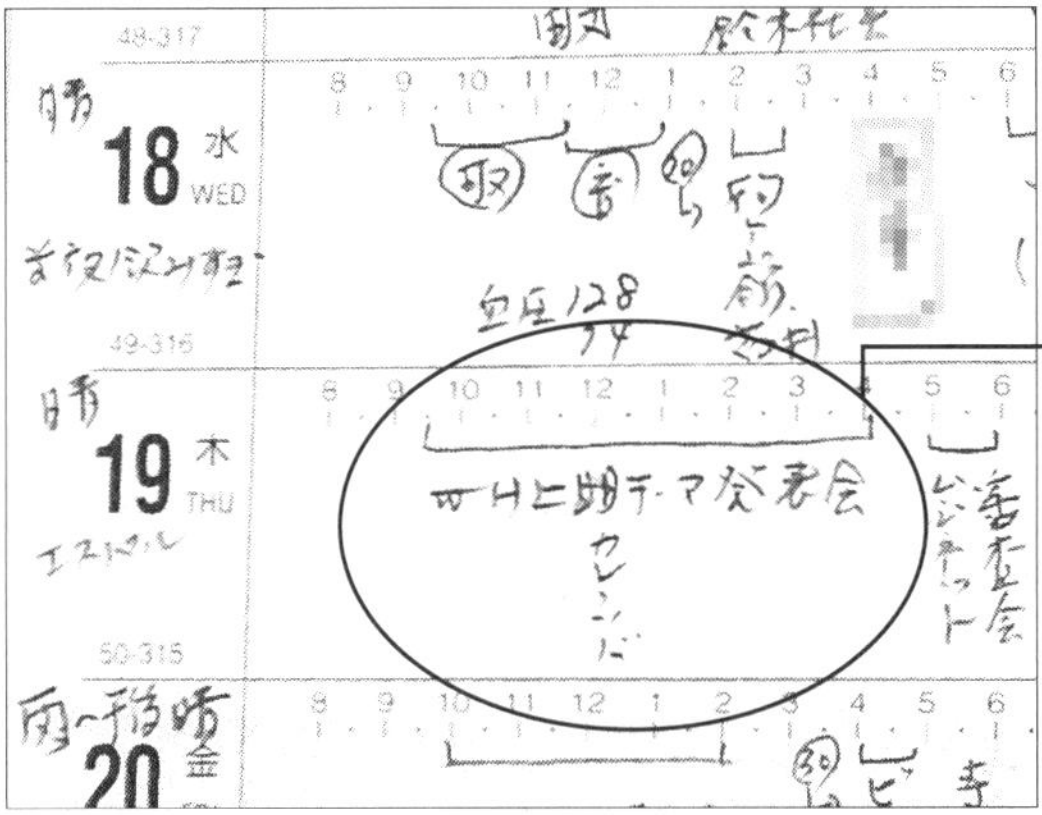

2009年WH
上期発表会の
記録

5月に
中間発表

・2009年８月

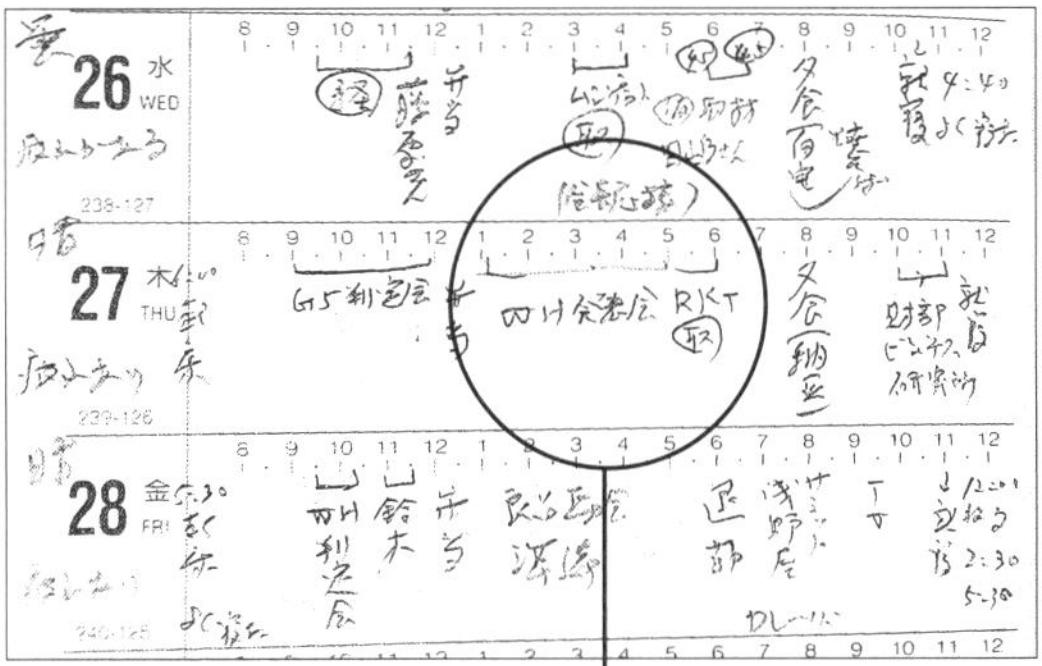

８月の最終発表会

に「ＷＨ発表会」とあります。これが成果発表の会です（Ｃ）。そこで評価の高かったチームは、９月初めの経営方針発表会の場で表彰します。

表彰式では、チームのメンバーが実行しているビデオが流れ、成果の発表が行われ、金一封が配られます。ＷＨ運動も、半期ごとにＰＤＣＡを回すのです。

これらの活動を続ける上で大切なのは、何より、トップダウンで進めることと、成果が出たら、しっかりと表彰すること、そして、会社にとって非常に重要な取り組みだとトップがしっかりとコミットしている姿勢を見せることです。

どちらの発表会も、役員全員に出席を求めました。

小集団活動がうまくいかない理由を元トヨタの幹部が話してくれたことがあります。なんでも、小集団活動に励む社員たちに、「大変いいことだから、君たち、がんばってやってくれよ」という役員がいたそうです。この役員は主体的に関わる気がなく、他人事だと思っていることが社員に伝わってしまうのです。自発的な小集団活動を行う組織にしたければ、トップや役員が自発的にそれを後押ししなければならないはずです。こういう役員の存在が活動の芽を摘んでしまうのです。

そこで、半年以上前に、ＷＨ運動の発表会の日程を決めるように変えました。早く日程を決めることで、他の予定を理由に欠席できないようにするためです。

それでも出張などを理由に欠席する役員がいたので、全役員を評価の採点者にしました。経営方針発表会で表彰するための採点ですから、こうなると欠席できません。

自発的な組織をつくるのが目的ですから、命令や強制で参加させても意味がありません。したがって、いかに自発的に参加してもらうか、そこに知恵を絞ったのです。

WH運動の具体的なテーマとしては、販売部・業務改革部が「店舗配布資料半減」、カフェ・ミール部が「用度品の店舗在庫半減」、生活雑貨部が「Webカタログの商品写真100%」掲載、店舗開発部が、「什器・備品発注の簡略化」など。これらはみな、表彰されたテーマです。

たとえば、店舗開発部が行った「什器・備品発注の簡略化」は次のような内容です。

店長は、まず「什器・備品申請書」をつくって販売部に提出します。販売部は予算上OKかどうかを確認し、OKになったら、店で使う什器は店舗開発部に、備品は総務人事部に必要数を発注します。

店舗開発部と総務人事部はそれを受けて、業者に発注しますので、店に什器や備品が届くのは最短でも18日後でした。

それを、店長が直接業者に発注するように変更できないかと考えます。問題は、野放図に什器や備品が発注され、予算をオーバーしてしまうリスクがあることです。

ところが実際にやってみると、店長も店の経営者ですから無駄な発注は行わず、直接業者に発注するので最短で6日後には什器や備品が店に届きました。予算もオーバーせず、納期は3分の1に短縮でき、しかも、販売部、店舗開発部、総務人事部の仕事がなくなりました。

こうして大きな効果が出たことが評価され、見事採点1位となり「首位打者賞」を受賞したのです。

社員の意識も全体最適にシフト

WH運動で効果が出た業務改善は、トップダウンでは実現できなかった改善です。つまり、**トップダウンだけでは限界がある**ということです。

本章の冒頭で良品計画の新しい風土をつくりたかったと述べましたが、ボトムアップで業務改善を行う社風をつくろうとしたのです。

しかし、**トップダウンよりボトムアップのマネジメントのほうが難しい。懐を深くし**

て、我慢ができないとボトムアップのマネジメントはできません。

WH運動を始めた当初は、ほとんどの役員、社員が、「できるはずがない」「長くは続かない」と思っていたでしょう。ただ、**正面切っての反対はない。それなら実行です。**

もちろん、最初から順風満帆だったわけではありません。まだこの活動を始めて間もない頃は、主旨を理解してもらえず、ときには方向違いの案が提案されたこともあります。たとえば「残業半減、有給休暇取得2倍」というテーマ。一見すると、まさにWH運動に適したテーマだと誰もが思うわけですが、実は自分が休みたい、残業したくない、ただ「声の大きな人」が決めたテーマでした。

ですから、周囲の人間が見ると、真の目的は、生産性を上げることではなく、「自分が楽をするため」であり、部分最適にも届かない「個人最適」であることがすぐにわかります。当然協力する気は起きないでしょう。良くも悪くも自浄作用が働いたのか、テーマは素晴らしくても内容がともなわず、うまくいきませんでした。

成果が出るWH運動は、「全体最適」の発想が根底にある。だから、当事者だけでなく、周りを巻き込み、協力をとりつけることができるのです。

部分最適から全体最適へ、価値観がきちんとシフトしていることが大事なのです。

05 社風づくりは「D」あるのみ

とにかく徹底的に実行あるのみ

私が新しい社風づくりのために始めた施策に「あいさつ」「さんづけ」「定時退社」があります。

社風づくりに大切なのは、トップのコミットメントと、とにかくやり続けるという2つです。そして、妥協せずに徹底的にやること。

たとえば、あいさつであれば、毎朝、私や役員、部長が1階のエレベーターホールに立ち、出社する社員に向かってあいさつをします。また、あいさつが月次のテーマになると「今月はあいさつの強化月間です。あいさつをしましょう」と朝から晩まで館内放送が流れます。

朝昼晩と点検シートが配られ、朝なら「会社に入ってきてあいさつをしましたか?」「エレベーターの中であいさつをしましたか?」「フロアに入ってきたときあいさつをしましたか?」といったことが書かれたシートにチェックをします。

そのシートを部門長が全部チェックし、週に一度は業務標準化委員会がチェックをします。

こうしたことを毎日、徹底的にやり続けます。社風づくりは、やると決めたこと(P)をやり続けることが重要。点検シートとそのチェックという「C」も一応ありますが、実質「実行(D)」あるのみで、基本的には「DDDD」です。

私がエレベーターホールに立つのは、月曜か火曜です。最初は毎日のように立っていたのですが、社員の多くが嫌がるので減らしました。

手帳には、「6:40迎え」とあります(174ページ)。6時40分に迎えの車に乗り、7時半ごろ会社に着き、8時から9時までエレベーターホールに立ってあいさつをします。

私がエレベーターホールに立って「おはようございます」とあいさつをしても、あい

● あいさつ運動の朝の記録

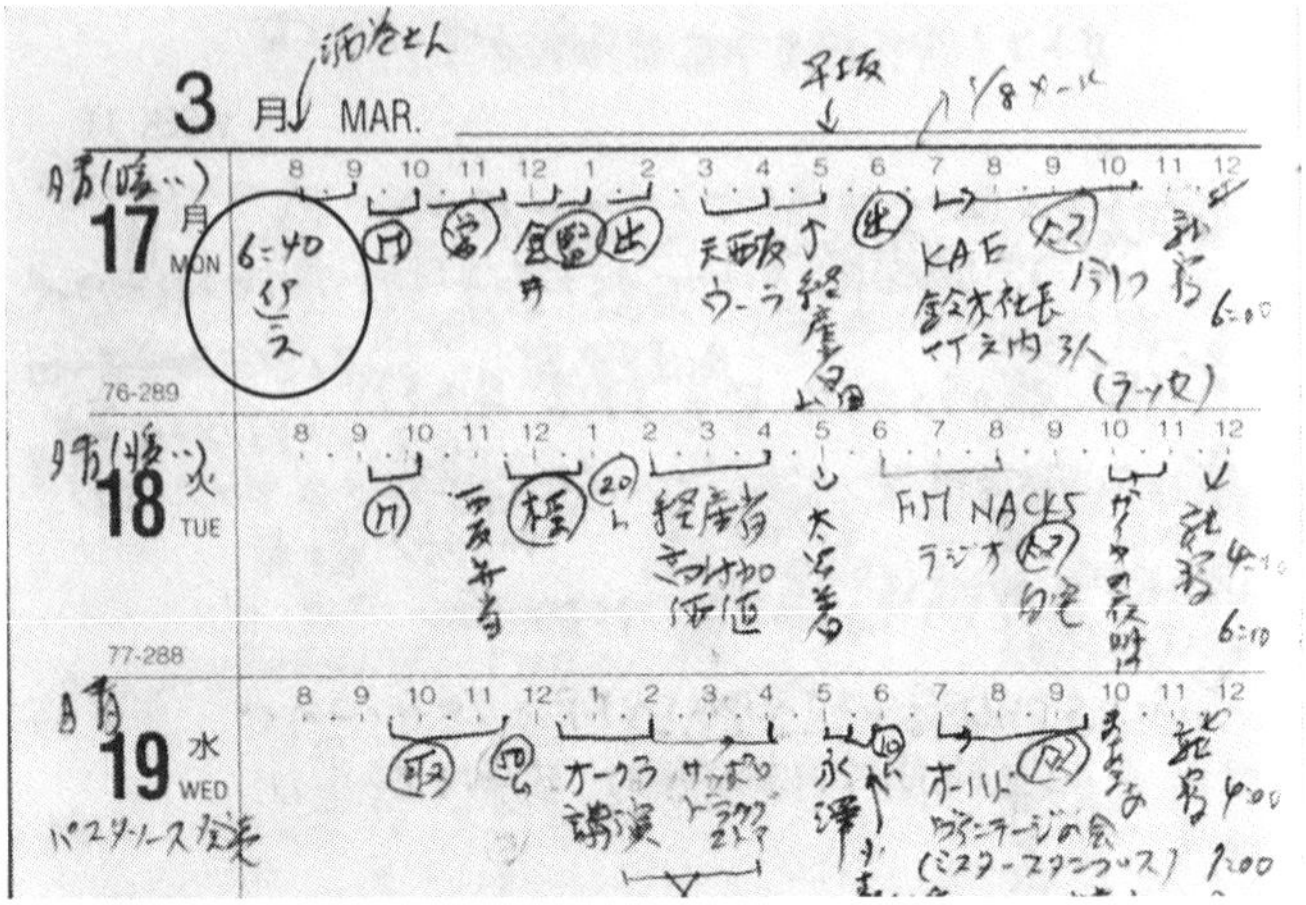

さつを返さない社員が2人いました。声が小さくて聞こえなかっただけかもしれませんが……。

　ですが、この2人を呼んで指導したら学校と同じです。良品計画でも昔、朝9時になったら入口に鍵をかけて入れなくするなどというバカげたことをしていた時期がありましたが、これは学校で校門を閉めるのと同じこと。懲罰で人を変えようとするのは最悪のマネジメントです。

　見せしめにして罰を与えても、その人の行動は何も変わりません。というより、逆効果にすらなって、いよいよ反抗的になって集団を乱します。何より社内が暗くなり、ギスギスした居心地の悪い会社になります。**強制や罰で人を変えることはできないのです。**

そこで一計を案じました。あいさつをしなかった2人の直属の上司にエレベーターホールに立ってもらい、あいさつをしてもらったのです。さすがに、どんな人でも直属の上司の前を素通りはできませんから、あいさつをします。

前述のとおり、私が頻繁に立つのは嫌がられたので、代わりに誰かに立ってもらおうと協力者を募ったのですが、1日3人の定員がなかなか揃いませんでした。仕方がないので、課長以上の役職者が交代で立つようにしました。

あいさつは、月次テーマに関係なく、毎朝、誰かがエレベーターホールに立ってあいさつをしています。これをもう10年以上はやり続けています。おそらく今も毎朝立ってあいさつを送り続けていることでしょう。

できない原因の根を絶つ

「定時退社」を決めたときも、同様に実行（D）あるのみでした。

「残業をなくす」というと、喜ぶどころか、皆抵抗します。でも金曜日はきっぱりノー残業デーにしました。続けて、水曜日も加えて、週2日をノー残業デーにしました。これはすぐにできました。いよいよ正月の営業初日から全日ノー残業デーにしました。当初は夜7時になったら本社の電気を消しました。でも、どの社員も熱心でまじめだから、「仕事をやりたいのに、帰れというから帰るんだ」と文句を言うわけです。こっそり会社に戻ってくる社員もいました。一番問題だったのが、仕事を自宅に持ち帰るパターンです。早く帰って仕事以外のことに時間を充てたり、ゆっくり休養を取ったりするために始めた施策なのに、これでは目的が達成できません。そこで、持ち帰らなくてもすむことを考え、即座に実行（D）に移します。

ノー残業デーは譲らず、仕事を減らす。そのためには、無駄な仕事をやめるしかありません。「太い幹と太い枝だけ残して、細い枝と葉っぱは捨てなさい」と何度も言い続けたのです。ところが、その仕事が「太い枝」なのか「細い枝」なのか、そのあたりは人によって違います。たとえば、午前中の時間をメールの返信に費やす人には、部門長を通じて、よほど緊急度の高いメールでなければ返事しなくていい、つまり、それは葉っぱや小枝の仕事なんだと、個人ごとに具体的に指導するしかありません。

このくらい**細かく、地味にDを積み重ねて、初めて効率は上がっていきます。**大体1割仕事をなくすと、仕事を持ち帰る社員はいなくなります。とはいえ、自己申告で提案される業務改善策で見込める効率化は2、3％ですから、1割効率を上げるのは至難の業ですが……。

社風を変えるためには、あきらめたり、途中でやめたりしてはダメで、「一度始めたことはやめない」のがコツです。やめると前に戻ってしまいます。そういう例も他社で数多く見てきました。

逆に、これほどまでに続けられるものなのかと感心したのがトヨタ自動車です。

トヨタには、「いま、トヨタが学ぶべき会社」のトップにインタビューし、それを労働組合員全員に配るという活動が行われています。

良品計画にも数年前に依頼があり、私がインタビューを受けたことがあります。そのときに逆に「この活動はいつから行われているのですか」とインタビュアーに問いました。その答えが、なんと38年前——。

交通費などは組合費から出るとはいえ、それ以外は手弁当で、休みの日を使って行う自発的な活動が38年間も続いている。そして今も継続しているでしょうから、すでに40年以上も続いていることになります。

これがトヨタの強さです。継続する力が段違いに強いのです。

ごみの落ちていない会社は社風でつくる

良品計画の新しい社風づくりのために行ったこと（D）に「クリアデスクルール」があります。これは、簡単にいえば、ごみの落ちていない会社にしましょうということです。

このときのテーマは、「下を向いて歩こう」。人が動けば、ごみは落ちます。ですから、全員がごみを拾わないと、ごみの落ちていない会社になれません。

「ごみを拾うのは、私の仕事ではない」

そう思う人がいれば、ごみはなくならないのです。

データがあるわけではなく、私の単なる経験則ですが、ごみの落ちている企業で業績の良い企業はありません。業績が良い企業は、チリ一つ落ちていない。

決まったことを、決まった通りに、きちんと全員がやれるという社風をつくるために、あいさつやクリアデスクルールを徹底的に毎日、毎日やり続けるのです。

「子どもみたいだな」そう言われることもよくあります。しかし、**子どもみたいに、当たり前のことを当たり前にやり続ける組織が一番強いのです。**

06 デッドラインを設けてPDCAを回す

550人が監視するデッドライン

報・連・相——報告、連絡、相談——が仕事をする上では大事だといわれます。私も人事の責任者をやっているときには、手帳に「報連相が大事」と書いていたぐらいです。しかし今は状況が違います。一人ひとりの部下に対して適切に報・連・相を行わせるほどマネジメント力があるマネジャーはいません。しかも、報・連・相では、部下の自主性は育ちません。

大事なのは、自分でリスクをとって仕事をやり切ることです。そのためには、デッドライン（締切）だけを決めて、あとは自由にやらせる。そのための仕組みが、「DINAシステム」です。

ＤＩＮＡは、「Deadline（締切）」「Instruction（指示）」「Notice（連絡）」「Agenda（議事録）」の頭文字です。

毎週月曜日の営業会議が終わると、ＤＩＮＡシステムを通じて、約５５０人のパソコンに締切、指示、連絡、議事録が流されます。部長がメンバーを集めて営業会議の内容を話す必要もなくなり、情報伝達のヌケモレも起こらない仕組みです。

しかも、この画面を本人が見たら「○」が付き、その人が見たことが部長にわかるようになっています。「×」はまだ見ていないことを表しますので、そういう人には見るように指示を出すことができます。

営業会議で決まったデッドラインが表記されており、こちらもその仕事が終わると「○」が付きます。５５０人が監視しているので、デッドラインまでにできないということはまず起こりません。デッドラインは通常翌週の営業会議までです。したがって、次週の営業会議でやるべきこととその締切が決められます。これがいわば実行計画（P）です。それを実行（D）したら「○」が付き、これがチェック（C）になります。できなかったら、できるように改善する（A）必要がありますが、それはまれで、基本的にはＰＤＣで、確実にやるべきことを締切までにやる仕組みとなっています。

人の性格を変えるのは難しいことですが、行動を変えることはできます。行動を変えれば、組織としての社風を変えることができ、社風が変わればしめたもので、社風に合わせて多くの人は行動するようになります。

ですから、最初は一人ひとりの行動を変えることが大切であり、そのための仕組みが大事になるのです。

経営トップが訓辞を垂れても、「進化と実行」というスローガンを掲げて、社内に貼り出し、毎朝朝礼で唱和しても、進化も実行もできません。

日々、やるべきことを明確にし、実行計画を立てて実行し、実行を評価し改善するというＰＤＣＡを回し続けることでしか、社風をつくることはできません。できるのは、ＰＤＣＡを回し続けるための仕組みづくりに尽きるのではないでしょうか。

コラム

来年の手帳を発売直後の8月末に買う理由

私は、来年の手帳が発売される8月末になると、銀座の伊東屋に連絡を入れ、すぐに購入します。気が早いようですが、すでにこの時期には、来年の予定がいろいろと入ってくるからです。

たとえば、社外取締役や顧問をしている会社の取締役会や株主総会などは、年間スケジュールとして1年間分の予定が決まっていますが、来年の予定は現在の手帳の後半のノート部分に書いています。会社によっては、2年分の予定が決まっているところもあります。

また、講演も早いものは1年前に依頼がきます。良品計画の会長を辞してから毎年、年間100講演以上行ってきました。

ありがたいことに方々からお声をかけていただき、思いがけず会長時代より忙しくなってしまったため、現在はそれも少しずつ減らしています。それでも知人からの依頼や毎年恒例のものは断れないため、来年の講演の予定が次々と決まっていきます。これらも、手帳の後半のノート部分に書いておき、来年の手帳を買ったら該当日時の欄に書き込みます。

そして、レストラン。私が日本一だと思う、京都の三つ星、「未在《みざい》」の予約は、だいたい1年半先です。これも忘れないように、予約日時を手帳の後半のノート部分に書いておき、来年の手帳を買ったら書き写します。

来年の手帳の発売は、通常は秋ごろですが、伊東屋だけは8月末までに手に入ります。ただ、私にとってはそれでも遅いぐらいで、2018年になったら、2019年の手帳を発売してほしいぐらいです。

来年の手帳を買ったら、現在の手帳を見ながら、すでに決まっている予定をすぐに書き込み、昨年の手帳と一緒に、デスクの中に入れています。来年の手帳、今年の手帳、昨年の手帳の3冊でスケジュールを管理しています。

5章

スパイラル型のPDCAで成長を促進する

01 健康の3つの数値をノートに残す

決算発表の朝、突然意識不明に

さて、ここまで、変革、仕組みづくり、風土改革まで、一冊の手帳を思考の基地として、経営のさまざまな局面を乗り越えてきました。

もちろん、それらのノウハウを理解し、取り入れることも大切ですが、その大前提として、自分自身の健康を保つことがすべてにおいて大きな意味を持ちます。

それは、何も、屈強であれということではありません。ただ、組織を預かる以上は意図的に心身を健やかな状態に保つこと、つまり健康管理は、上に立つものとしての務めでもあるのです。そして、何よりも健康でなければプライベートも充実しません。健康は1回きりの人生を送る必要条件なのです。

それを痛感したのが、社長になって約1年後の2002年1月10日のこと。前年11月までの第3四半期の決算発表の日でした。この日の朝、私は自宅で意識を失います。目の前が暗くなり、何もわからなくなりました。

決算発表は社長の仕事です。代役を立てるわけにはいきません。幸い、次第に落ち着いてきて、何とか大事には至らず、決算発表も行うことができました。

ただ、そのまま仕事を続けるのは危険だと判断し、数日後に病院に行き精密検査を受けました。なぜ突然、意識不明になったのか、その原因はわかりませんでしたが、おそらく疲労とストレスだったのでしょう。

夜の会食も増え、体重が増えていました。なんとか細かいメンテナンスで維持できると思っていたのですが、それでは足りないほど、カロリー摂取が増えていたのでしょう。

このとき医者に勧められて始めたのが、毎日の血圧測定です。朝起きると、まずストレッチを行い、それから血圧を測ります。そして、上（収縮時血圧）と下（拡張時血圧）と脈拍の3つの数値を日付とともにノートに書き込みます。

手帳に書くことも考えたのですが、毎日の数値を小さな紙面に書き込むと、見づらくなってしまいます。何よりも、**手帳は大きな骨格だけを書き、一覧性と簡潔性を備えて**

● 健康のための記録ノート

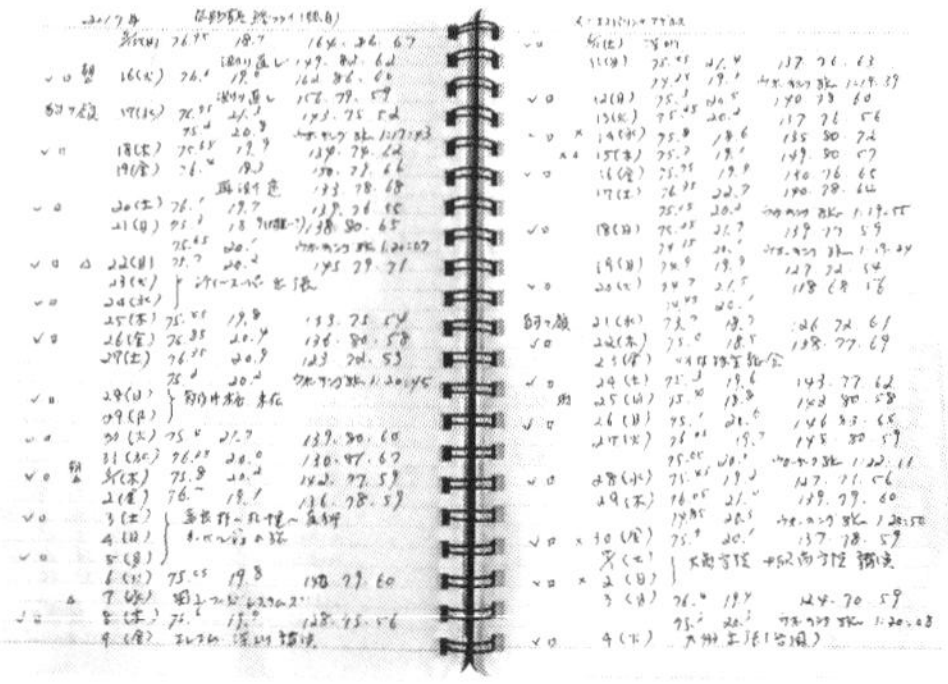

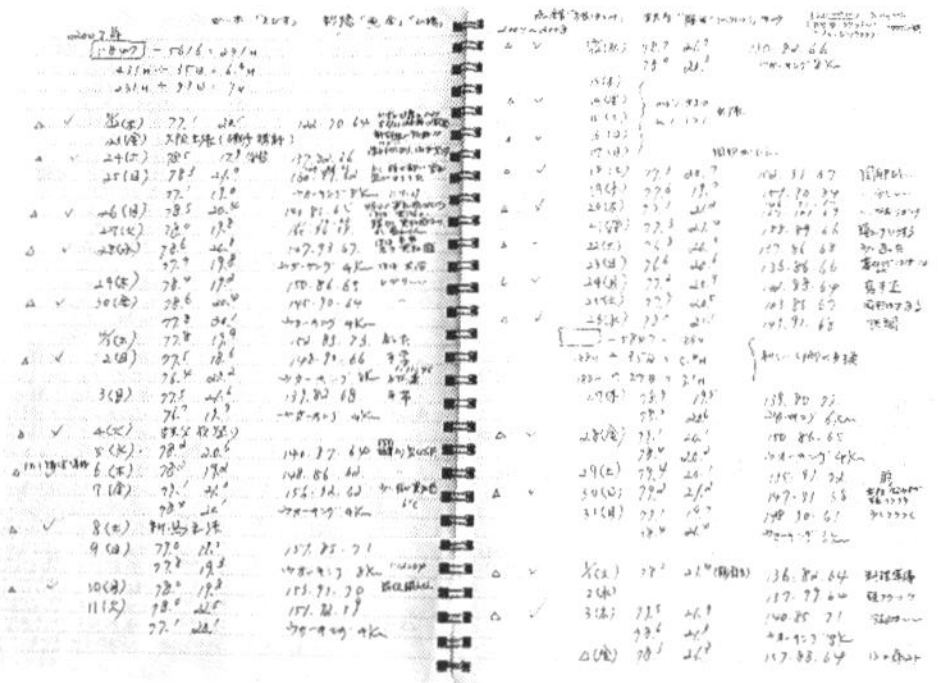

歴代の健康のための記録用ノート。1日1行ずつの記録なので、1冊を4～5年使う。開きやすさ、記入のしやすさから、リング式のノートに落ち着いた。さらに耐久性に優れた無印良品の、ダブルリングモバイルノートに切り替えて使用中。

いなければ、かえって使いづらくなります。そこで、専用のノートにしました。

血圧を下げる薬など、薬を飲んだときも、このノートに書いています。夏はほとんど飲まなくてもいいのですが、冬は血圧が高くなることがあり、上が150を超えてくると具合が悪いので薬を飲みます。

社長は最後の決裁者ですから、責任の重みと、それに伴うストレスの大きさはそれ相応のものがあります。実際に社長を引き受けてみて、その前の専務の時代と比べて20倍ぐらいきつくなったという印象があります。人によっては、100倍きつくなったと言う人もいるぐらいです。

社長と副社長、トップとナンバーツーでは、それほどまでに受けるプレッシャーがまったく違うのです。

02 健康も「C」「A」で管理する

体重と血圧の関係を記録から読み解く

私の場合、まず健康管理で重要になるのは、血圧と体重です。血圧と体重は私にとってパラレルの関係で、血圧が高いときは体重が重く、血圧が低いときは体重が軽い。逆にいうと、体重が増えると血圧も上がり、体重を減らすと血圧も下がるという関係です。

この関係がわかったのも、血圧とともに体重をノートに書き続け、それを振り返ってきたからです。記録を残し（D）、それを評価して（C）、改善する（A）のは、健康管理も仕事も変わりません。

あるときから体組成計を利用するようになり、体重だけでなく基礎代謝や体脂肪率、内臓脂肪レベル、筋肉量なども測るようになりました。現在は、体組成計に乗れば、W

● 健康ノートの内容

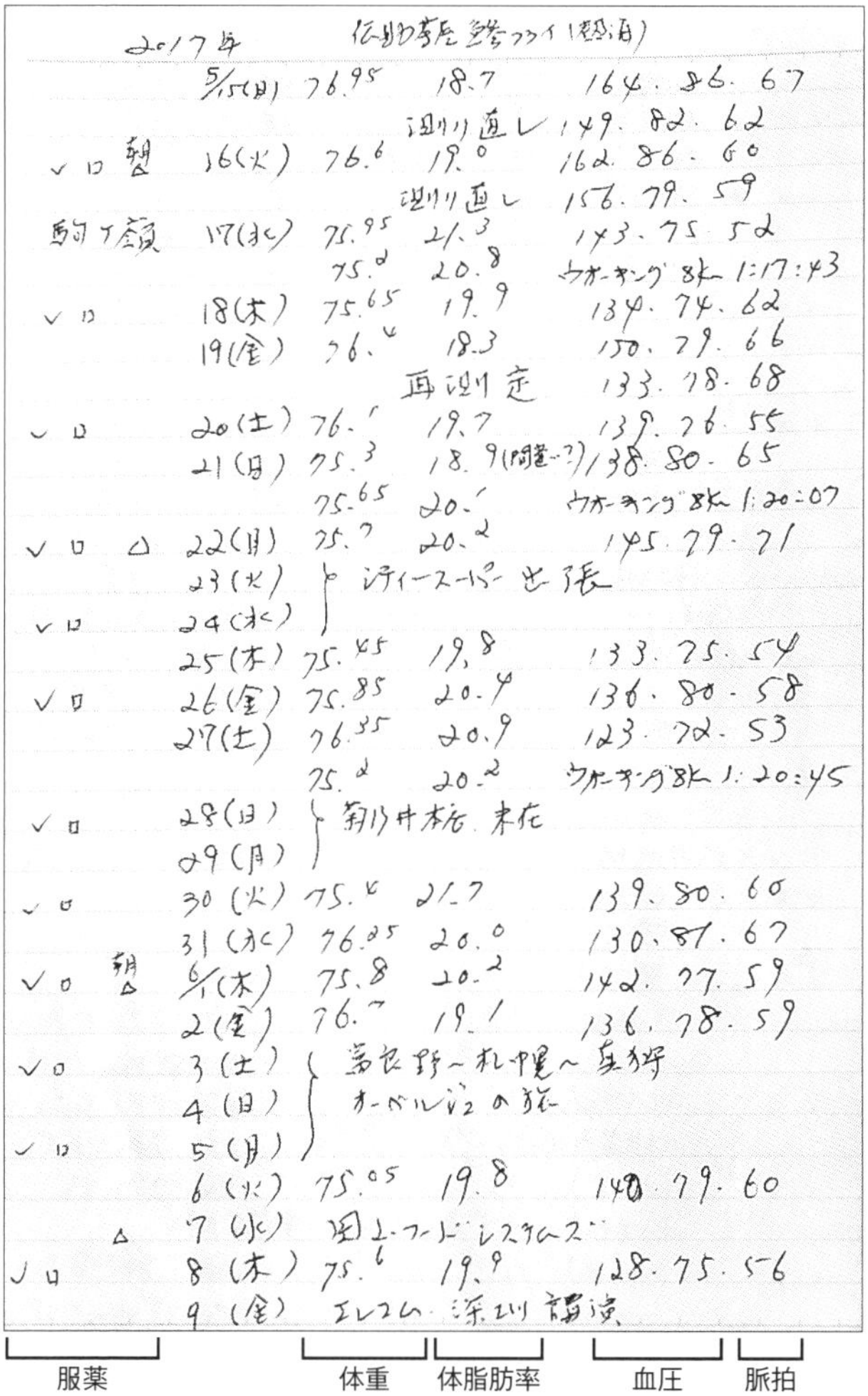
2017年
5/15(月) 76.95 18.7 164.86.67
測り直し 149.82.62
✓ □ 朝 16(火) 76.6 19.0 162.86.60
測り直し 156.79.59
17(水) 75.95 21.3 143.75.52
75.2 20.8 ウォーキング 8K 1:17:43
✓ □ 18(木) 75.65 19.9 134.74.62
19(金) 76.4 18.3 150.79.66
再測定 133.78.68
✓ □ 20(土) 76.1 19.7 139.76.55
21(日) 75.3 18.9(間違い?) 138.80.65
75.65 20.1 ウォーキング 8K 1:20:07
✓ □ △ 22(月) 75.7 20.2 145.79.71
23(火) シティースーパー 出張
✓ □ 24(水)
25(木) 75.45 19.8 133.75.54
✓ □ 26(金) 75.85 20.4 136.80.58
27(土) 76.35 20.9 123.72.53
75.2 20.2 ウォーキング 8K 1:20:45
✓ □ 28(日)
29(月)
✓ □ 30(火) 75.4 21.7 139.80.60
31(水) 76.25 20.0 130.87.67
✓ □ 朝△ 6/1(木) 75.8 20.2 142.77.59
2(金) 76.7 19.1 136.78.59
✓ □ 3(土)
4(日)
✓ □ 5(月)
6(火) 75.05 19.8 140.79.60
△ 7(水)
✓ □ 8(木) 75.6 19.9 128.75.56
9(金)

i－Fiでスマートフォンに情報が飛び、アプリですべての数値が管理できます。便利になりましたが、体重と体脂肪率、血圧の上下、脈拍の5つの数値は今でもノートに書き続けています。

序章で、前年の手帳の同じ時期を見ながら、今年の予定を考えると述べましたが、ノートも1年前の同じ時期の数値と見比べます（C）。体重が同じか、減っていればいいのですが、増えているのは危険信号。「運動して汗をかいて体重を減らさなければ」と、手帳を見ながら、ウォーキングができる時間を探します（A）。

これら以外に、健康のために就寝時間を手帳に書いておき、土日に直近の1週間を振り返る際にチェックしています。社長時代は必死に経営を考えていましたから、まったく眠れないまま2日を過ごしたことがあります。しかし、3日目には眠れるのです。人間の生存本能というのはすごいなと思いました。そして、3日目には眠れるんだという気づきが、2日くらい寝られなくても大丈夫だという安心感につながりました。とはいえ、睡眠時間は健康には非常に大事ですから、7時間は眠るようにしています。

健康管理もPDCAの「C」「A」が大事になるのです。

● 就寝時間の記録

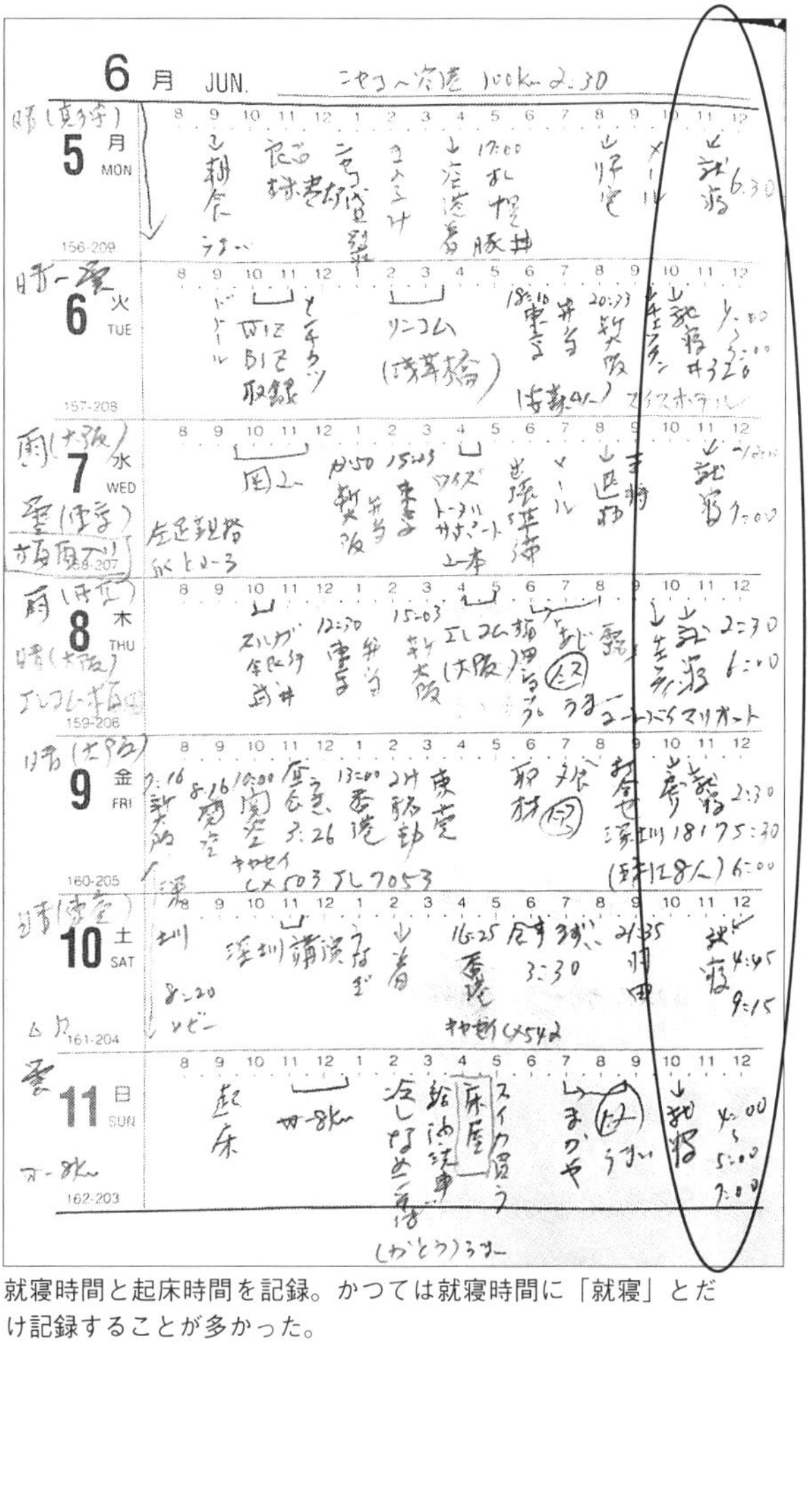

就寝時間と起床時間を記録。かつては就寝時間に「就寝」とだけ記録することが多かった。

30代からの各年代で3度13キロ超減量

体重については苦い思い出があります。それは、30代、40代、50代で、一度ずつ半年かけて13キログラムの減量をしたことです。

30代で、体重が85キログラムぐらいあったときに血液検査をする機会がありました。検査結果に「濁」と書いてあるのが見えて医師に尋ねると、「脂肪分が血液の中にあって白く濁っている」と言います。「これは、さすがにまずい」と思い、減量を決心しました。

まず手をつけたのは、夜に飲む回数を減らすことです。

飲んだ日は手帳に「飲」と書き、飲んだ日数を管理します。週7日のうち、5日以上飲むと体重は増え、4日だと維持、3日にできると減ることがわかり、週に4日飲まない日をつくるようにします（P）。

そして、土日の運動。若いときはランニングとスイミングで体重を減らしました。もともと体育会系ですから運動すること自体は大好きで、ランニングもスイミングもまったく苦になりません。

●「飲」マークを入れて現状を把握する

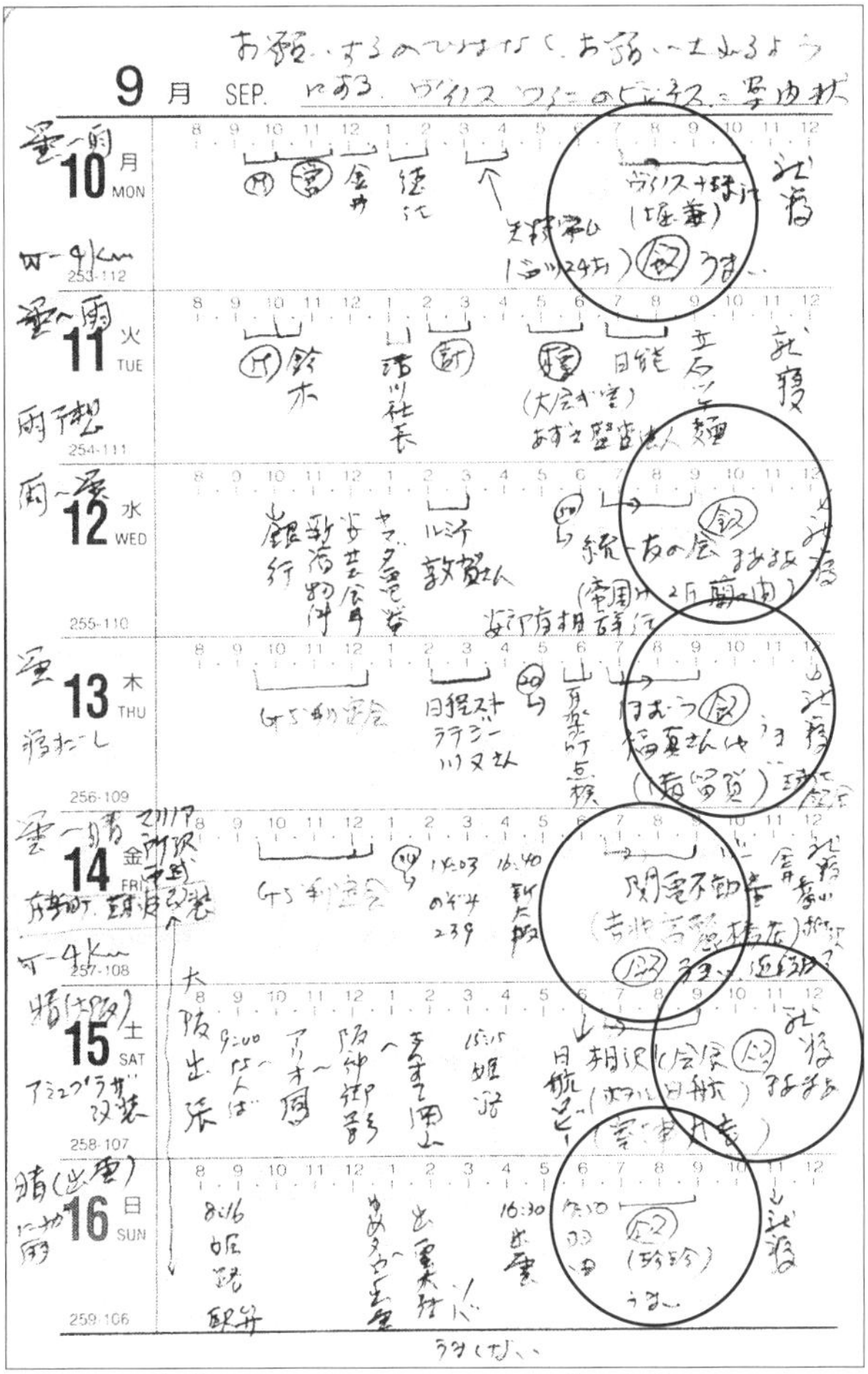

飲んだ日は「飲」のマークを入れる。この週は飲みすぎている。

食事のコントロールも必須ですから、まずは毎食の量も減らしました。ときには、プチ断食で、夜はサラダだけにしたりします。もちろん糖分の多い飲料もやめ、ウーロン茶に切り替えます。こうして食事量を減らして3カ月くらい経つと、慣れて胃が小さくなるのか、それほど量を食べなくても満腹感を得られるようになります。こうなると、しめたもので、だんだんと体重が減り始めます。

それでも、十数キログラム落とすのには、少なくとも半年はかかりました。苦労して体重を落としたことで、それから4～5年はベスト体重を維持できるのですが、6年目あたりからまた次第に体重が増え始め、それから数年でまた85キログラムオーバーになって減量に挑むということを2回も経験しました。

50代のときには、冬は体重が落ちづらく、夏のほうが落ちやすいことがわかっていたので、3月から減量をはじめ、6月ぐらいに少量でも満足できる胃になり、夏の運動で多くの汗をかくことで、半年で十数キログラムの減量を成功させました。

自慢にもなりませんが、3度の経験で、減量のコツを習得したのです。

夜増えた分は翌朝すぐに減らす

60代は会長になっていたこともあり、同じ轍を踏むわけにはいきません。社長のときは夜の会食もほとんどが仕事がらみですから減らそうにも減らせなかったのですが、会長のときはそれほど夜の会食も多くなくなりました。

それでも会食が続くと体重が1～2キログラム増えます。そのときは、翌日朝5時に起き、ストレッチと血圧・体重測定を行ったあと、8キロメートルのウォーキングに出かけます。自宅近くの川の土手を4キロメートル歩き、橋を渡って戻ってきます。時間にして約1時間20分。シャワーを浴びて、また体重を量ります。

冬は1キログラムも減りませんが、夏は2キログラムぐらい減ります。これで前日増えた分を取り返すことができるというわけです。

こうしたウォーキングの記録もノートに書くとともに、その前後の体重も書きます。

60代からの体重コントロールはもっぱらこの方法で、大量に食べたり飲んだりした翌日は、朝ウォーキングをして増えた分をすぐに減らします。翌日すぐに取り返してしまうのがコツで、これにより私のボーダーラインである78キログラムまで体重が増えるこ

● ウォーキング前後で体重を測定

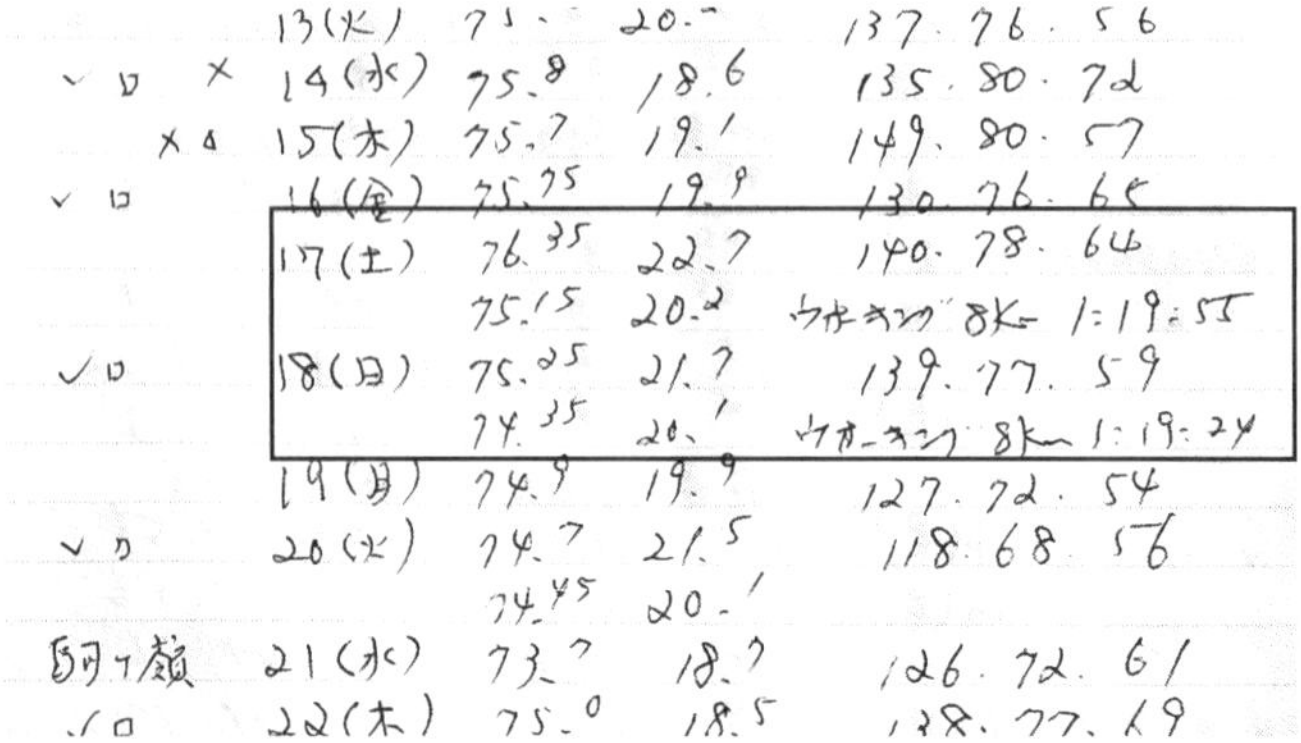

	13(火)	[illegible]	[illegible]	137.76.56
✓□ ×	14(水)	75.8	18.6	135.80.72
×△	15(木)	75.7	19.1	149.80.57
✓□	16(金)	75.75	19.9	130.76.65
	17(土)	76.35	22.7	140.78.64
		75.15	20.2	ウォーキング 8Km 1:19:55
✓□	18(日)	75.25	21.7	139.77.59
		74.35	20.1	ウォーキング 8Km 1:19:24
	19(月)	74.9	19.9	127.72.54
✓□	20(火)	74.7	21.5	118.68.56
		74.45	20.1	
	21(水)	73.7	18.7	126.72.61
✓□	22(木)	75.0	18.5	138.77.69

土曜日、日曜日にウォーキングした際は、距離、時間、前後の体重も記録している。

とはまったくなくなりました。

健康管理は個人の責任、自己責任です。自己責任で健康管理をしていかないと、仕事だけでなく人生を楽しむこともできなくなってしまいます。「健康第一」とよく言いますが、この歳になって、それを実感として受け止めています。

03 趣味もＰＤＣＡで管理して楽しむ

三つ星レストラン巡りは「P」と「C」が大事

社長になった２００１年は、前にもお伝えしたとおり、さすがに大型の休みを取る余裕はなかったのですが、翌年からは、きっちり毎年10日以上の連続休暇をとるようにしました。

きっかけは、しまむらの社長（当時）、藤原秀次郎さんに言われた一言、「社長が休みを取らないと社員が休めない」でした。

毎年夏は約10日。休みに入ったら、仕事は忘れて「休みを楽しむ」と決めていますから、飛行機に乗ってシャンパンを飲み干したら、きれいさっぱり仕事のことは忘れます。たかが10日のことです。社長や会長がいなくたって会社は動きます。逆に言うと、そういう組織をつくらなければなりません。

夏休みは、毎年、ヨーロッパの三つ星レストランの食べ歩きです。２０１７年は、イギリスに行ってからフランスに移動しました。

フランスの三つ星レストランはほとんど足を運びましたが、今回は5軒。イギリスの3軒と合わせて8軒の三つ星レストランと1軒の二つ星レストランに行ったのが２０１7年の夏休みです。

だいたい12日前後休みをとり、ヨーロッパにいるのが10日間。移動もありますから、9軒回れたのは上々の結果です。

現地の知り合いに頼み、半年くらい前から店を予約してもらったりします。三つ星レストランの予約ですから、やはり早め早めに計画を立てることが肝心で、毎年、半年くらい前から計画表をつくります（P）。

食べに行ったら（D）、その日の夜か、翌日の朝に、すべての料理をその計画表に書き出し、印象と評価を書きます（C）。二重丸はかなり美味しかった料理、三重丸は文句をつけようがないベストな料理です。

こうして記録を残しておけば、美味しかったレストランにまた行くことができます(A)。美食を追求するにも記録、そしてPDCAの発想が役に立つのです。

同じ三つ星でも、すばらしく美味しい料理を出すレストランと味がいま一つの料理ばかりのレストランがあります。じつは、三つ星、二つ星、一つ星の差よりも、同じ三つ星レストランのなかでの差の方が大きいのです。したがって、お気に入りの三つ星レストランに出会うと本当にうれしくなります。また、雑誌等で、レストランのコメントを求められることもあり、たくさんのフードジャーナリストとの情報交換も頻繁にしますので、記録は絶対に残しておかなければならないのです。

三つ星レストランを訪ね美食を堪能するのが旅行の目的ですから、観光は一切なし。三つ星レストランの多くは、都心に集中する日本と違って田舎に店を構えています。ヨーロッパでは多様な文化の中で歴史がつくられてきたため、それぞれが地域や地元の食材をものすごく大事にします。したがって、自分の育った地域で最高のレストランをつくることが何よりの自慢です。「豊かさ」の発想が日本とはまったく違うのです。

朝はゆっくり起き、11時ぐらいまでに朝食をとり、午後1時ぐらいにホテルをレンタカーで出発。200キロメートルくらい走って5時ごろレストランのある地に着き、プールで軽く泳いで、夜の9時ごろから食事を始めます。ゆっくりと食事を楽しんだ後は、そのままレストラン併設のホテルか近くのホテルに戻ります。

● 夏休みの計画表とレストランの感想をまとめたメモ

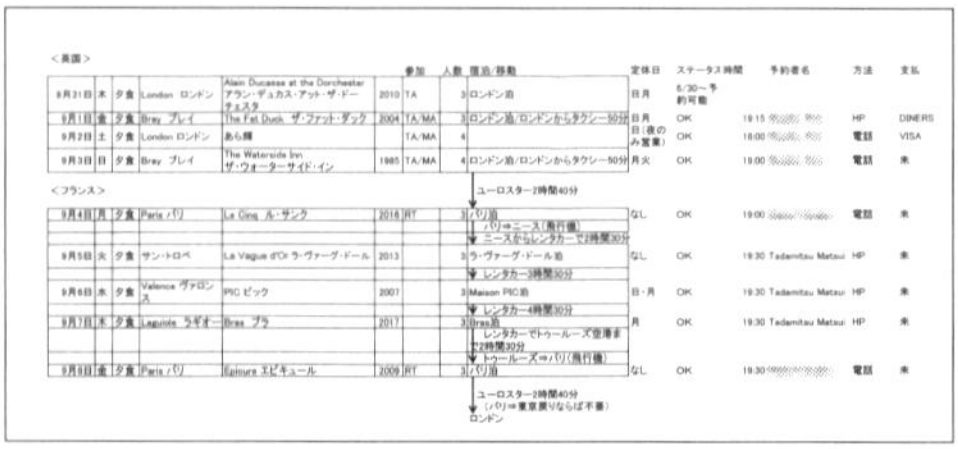

＜英国＞

						参加	人数	宿泊/移動	定休日	ステータス	時間	予約者名	方法	支払
8月31日	木	夕食	London ロンドン	Alain Ducasse at the Dorchester アラン・デュカス・アット・ザ・ドーチェスタ	2010	TA	3	ロンドン泊	日月	6/30～予約可能				
9月1日	金	夕食	Bray ブレイ	The Fat Duck ザ・ファット・ダック	2004	TA/MA	3	ロンドン泊/ロンドンからタクシー50分	日月	OK	19:15	[redacted]	HP	DINERS
9月2日	土	夕食	London ロンドン	あら輝		TA/MA	4		日(夜のみ営業)	OK	18:00	[redacted]	電話	VISA
9月3日	日	夕食	Bray ブレイ	The Waterside Inn ザ・ウォーターサイド・イン	1985	TA/MA	4	ロンドン泊/ロンドンからタクシー50分	月火	OK	19:00	[redacted]	電話	未

ユーロスター2時間40分

＜フランス＞

9月4日	月	夕食	Paris パリ	Le Cinq ル・サンク	2016	RT	3	パリ泊	なし	OK	19:00	[redacted]	電話	未
								パリ⇒ニース(飛行機)						
								ニースからレンタカーで2時間30分						
9月5日	火	夕食	サン・トロペ	La Vague d'Or ラ・ヴァーグ・ドール	2013		3	ラ・ヴァーグ・ドール泊	なし	OK	19:30	Tadamitsu Matsui	HP	未
								レンタカー3時間30分						
9月6日	水	夕食	Valence ヴァロンス	PIC ピック	2007		3	Maison PIC泊	日・月	OK	19:30	Tadamitsu Matsui	HP	未
								レンタカー4時間30分						
9月7日	木	夕食	Laguiole ラギオール	Bras ブラ	2017		3	Bras泊	月	OK	19:30	Tadamitsu Matsui	HP	未
								レンタカーでトゥールーズ空港まで2時間30分						
								トゥールーズ⇒パリ(飛行機)						
9月8日	金	夕食	Paris パリ	Epicure エピキュール	2009	RT	3	パリ泊	なし	OK	19:30	[redacted]	電話	未

ユーロスター2時間40分
（パリ⇒東京戻りならば不要）
ロンドン

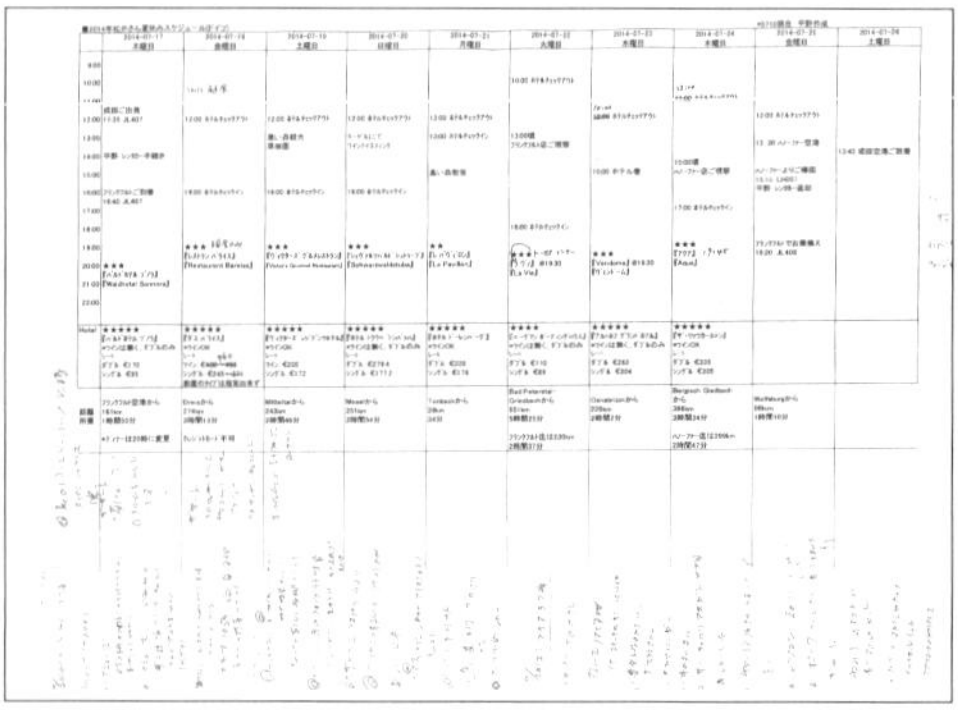

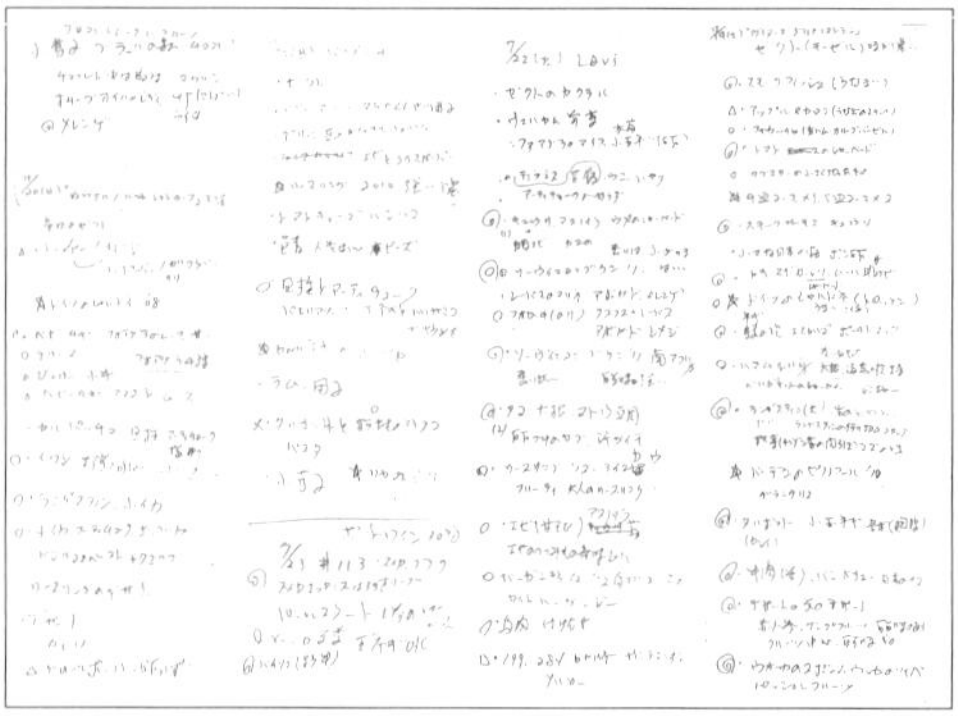

04 自分を成長させる言葉を手帳に貯める

ヒントはメモしておいて熟成させる

手帳には、後半にノートとして使えるページがあります。ここには、そのとき自分が気になった言葉や印象に残った言葉などを書いています。

これらの言葉は、自己啓発の要素だけでなく、次期の部門運営の指針、経営方針をつくる際のヒントにもなります。

また、おもしろいことに、年代ごとに、自分の関心事が浮き彫りになるという効果もあります。

1993年の手帳を見ると、「メビウスの輪」が書いてあります（204ページ）。総務人事部長として、非常に重要なマネジメント理論だと考え、手帳に書いて繰り返し見

● 手帳のメモページに書き留めた言葉の例①

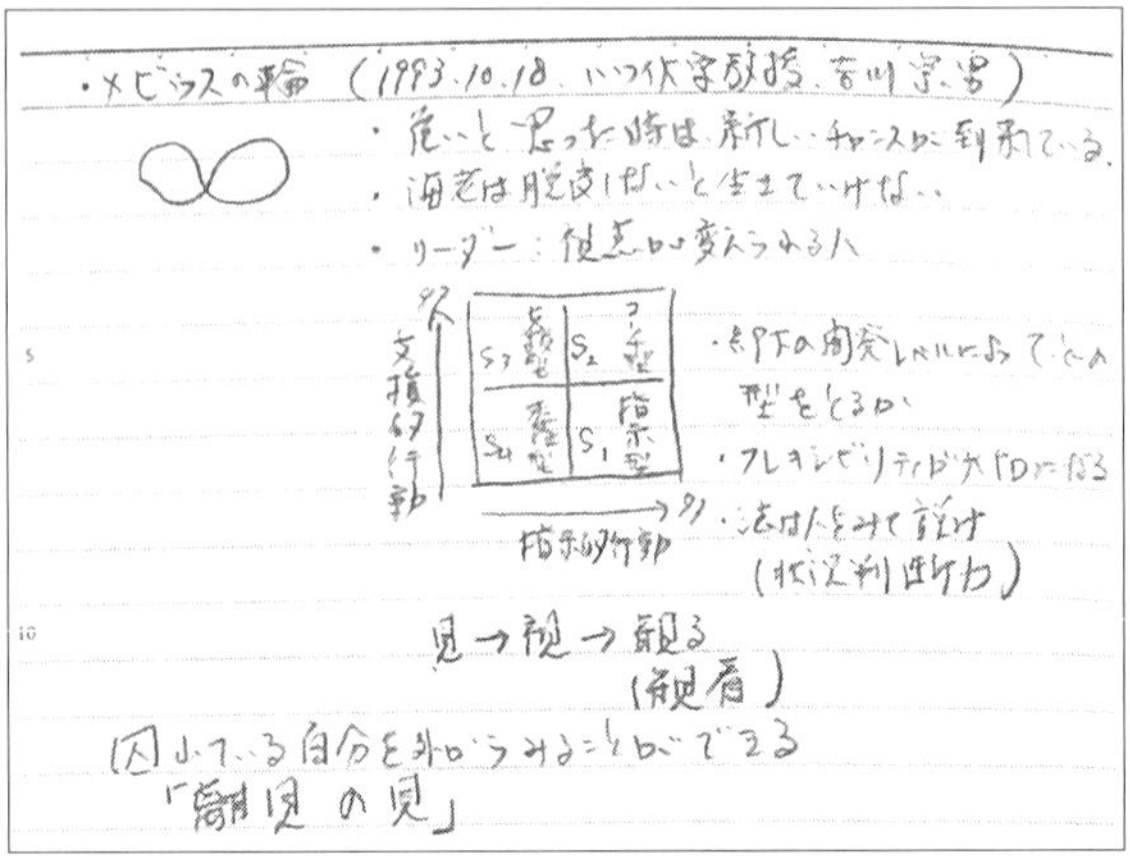

ていました。

２０００年５月にＭＵＪＩネットの社長になりましたが、その年の手帳の後半ノート部分には、２０７ページにまとめたような言葉が書かれています。

ここで紹介した言葉のほかにも、カルロス・ゴーンや吉野家の安倍修仁元社長の言葉などが書かれています。インターネット販売を主事業とする会社の社長になったので、インターネットに関する言葉と、社長という立場になって気になった言葉が多く書かれています。

「莫煩悩」という言葉との出合い

社長になった２００１年、ＮＨＫの元寇

に関する番組を見ていて手帳にメモしたのが、「莫煩悩《まくぼんのう》」という言葉です。正確に言うと、そのときはとっさに「漠ぼんのう」とメモしました。漢字がわからず、あとで調べて「莫煩悩」だと知ります。

時の執権北条時宗は、元が攻めてくるという情報を得ますが、戦うかどうか思い悩みます。勝てる可能性が低いことが、わかっていたからです。

そんなときに、僧の無学祖元から贈られた言葉が、「莫煩悩」でした。「もう悩み尽くしたのだから、悩むことをやめて、自分の思う通りに行動しなさい」といった意味でしょうか。

折りしも、この言葉と出合ったのは、在庫を焼却処分したり、フランスの店舗で人員整理をしたり、品質不良を次々に発表したりと、先がまったく見えない時期でした。自分がやっていることが本当に正しいかどうかもよくわからず、業績が回復する見込みも全然立たない。だから、余計にこの言葉が印象に残ったのでしょう。すぐに手帳に書きつけたのです。

時宗は、この言葉に励まされ、元と戦うことを決心します。結果は、みなさんご存じのとおり、暴風雨によって元が退散して危機を乗り越えます。

● 「莫煩悩」のメモ

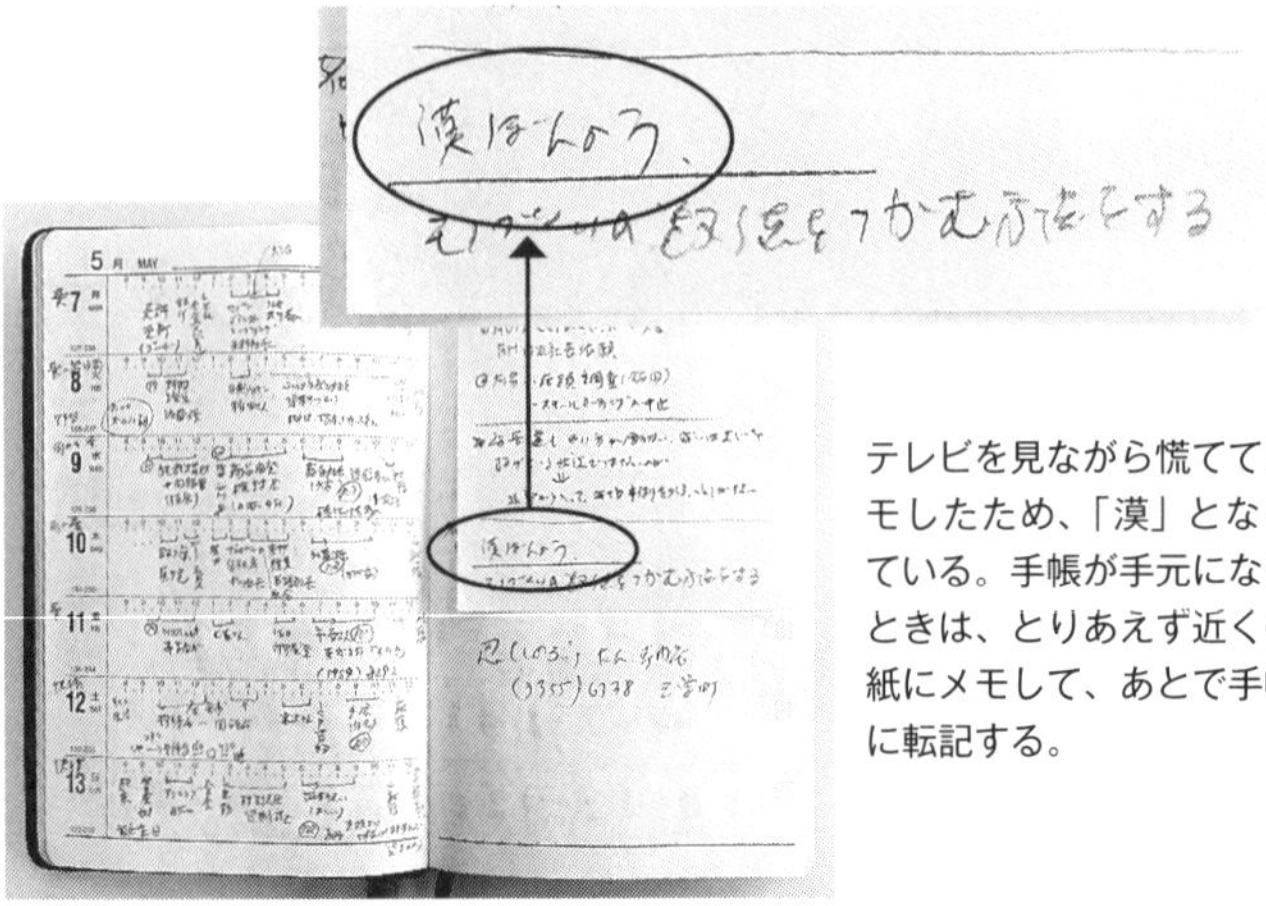

テレビを見ながら慌ててメモしたため、「漠」となっている。手帳が手元にないときは、とりあえず近くの紙にメモして、あとで手帳に転記する。

私も、「莫煩悩」という言葉に出合い、いろいろと思い悩んでいても仕方がない、とにかく、目の前の課題を一つひとつクリアしていこうと心を強くしたのです。

いい言葉をストックして方針発表で使う

さらに、2003年の手帳には、『経営は「実行」』（ラリー・ボシディ、ラム・チャラン著、高遠裕子訳／日本経済新聞社）を読んで、いろいろな言葉を手帳に書きました。

ちょうどその頃、私は「進化と実行」を経営方針に掲げます。何より実行しき

● 手帳のメモページに書き留めた言葉の例②

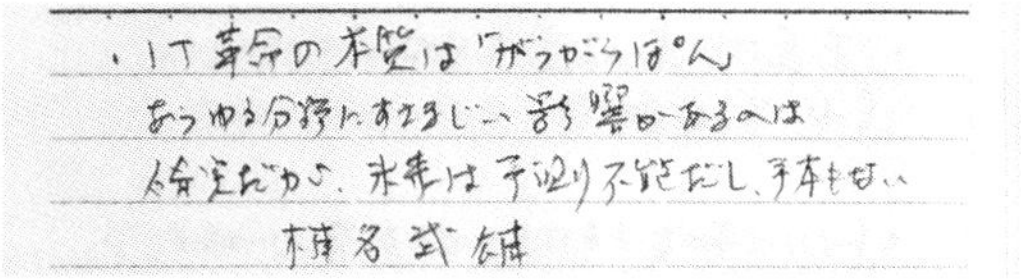

MUJIネットの社長に就任した2000年のメモ。仕事でつながりの深いインターネットに関する言葉をメモしている。

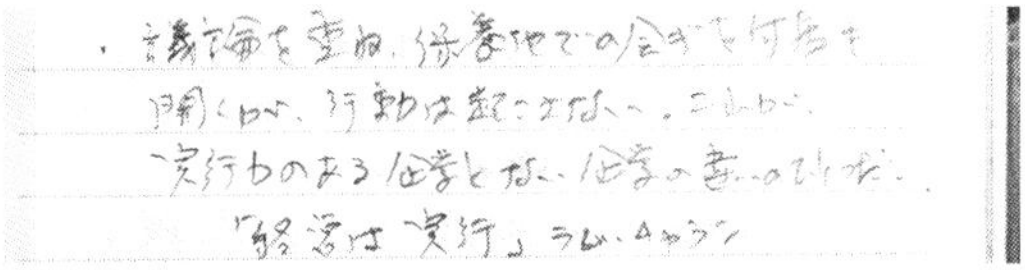

2003年。ようやく経営改革が効果を上げ始めた頃。この本は、共感するところが多く、この他にも何度も書き写している。

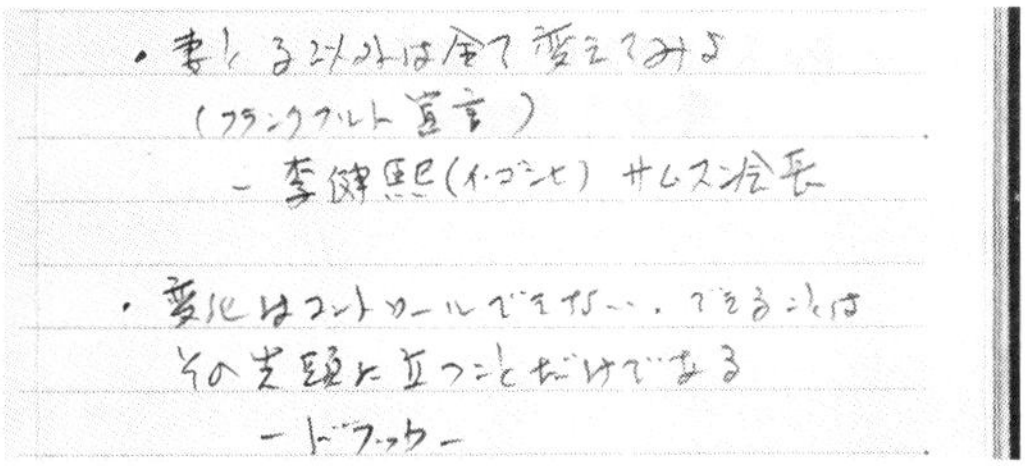

2014年のメモ。ドラッカーの言葉はさまざまな年の手帳に登場する。

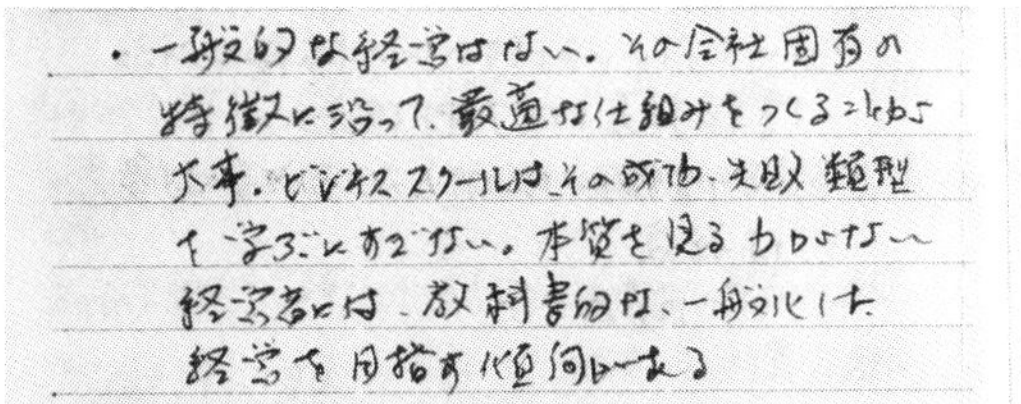

他人の言葉を引くだけでなく、自身のオリジナルの言葉もメモしている。

れないと経営には何の役にも立たないのです。そんな時、この本に出合います。自分のやってきたことが果たして正しいかどうか判然としない中で、間違っていなかったのだと確信させてくれたのです。

先人の書いた本は非常に役に立ちますが、なかでもこの本は企業の実証研究のなかから書かれていたため見事に本質をついていました。

経営者にとって大事なのは、本質が見えること、そして先が見えることです。私には1キロメートル先しか見えないことでも、3キロメートル、いや5キロメートル先まで見える人が必ずいます。自分が先と本質が見える人になろうとするよりも、先と本質が見える本や人から学ぶほうがはるかに効率的ではないでしょうか。

学んだことを記憶の片隅にとどめ、いざというとき、実際の仕事で活用できるように手帳に書いておきます。さらに、毎年12月になったら、それらの言葉をワープロソフトに打ち込んで年ごとにまとめておけば、「座右の銘」のストックがどんどん増えます。それは先人たちが生み出した「知」の宝庫とも言い換えられるでしょう。

そうやって、**キャッチした「知」をいったん自分の手帳——思考の基地——に待機させる。そして、自分の目指す方向を念頭に置きながら眺めるのです。**

たとえば、経営方針を考えるとき。今期は、当事者意識や責任感を経営方針にしようと思ったとします。そんな意識でまとめた冊子をさらさらっとなぞって見ていくと、「当事者意識が成果を生む」という言葉が目に飛び込んできます。「よし、これだ」と方針の一つに加える……。こんな具合です。

自分というフィルターを通して手帳に短く書きとめた言葉は、シンプルでわかりやすく、方針としてもわかりやすく伝えることができます。

こうやって、手帳という基地から取り出し、「方針」の形で蒔いた種が、毎年芽を出し、花を咲かせ、実を結びます。翌年はそこで得た経験を糧として、もう少し大きな種を蒔くことができるでしょう。これも一つのＰＤＣＡの形です。

人も、組織も、そうやって螺旋（スパイラル）を描いて成長していくのです。

おわりに

手帳とＰＤＣＡについて、私の考えと実践したことについてこれまで述べてきました。私は、計画５％、実行95％の組織が強いと思っていますので、ＰＤＣＡでも「Ｄ」の実行を一番重要視してきました。

計画は、あくまで実行するための実行計画であるべきだと考えています。

そして、実行したことをどう評価するか、どう改善するかという「Ｃ」「Ａ」もまた重要です。実行の質を上げるために、または実行のヌケモレを防ぐためには、「Ｃ」「Ａ」が欠かせません。

環境や技術、人の意識もどんどん変化する時代です。今日のベストが明日のベストとは限らない。そうした変化に早く気づき、早く対応するためにも「Ｃ」「Ａ」が絶対不可欠なのです。

さらに、ＰＤＣＡは回し続けることもまた重要です。1回や2回回して終わりではなく、回し続けるためには、回り続ける仕組みにする必要があります。気合や意識のみに頼ると、必ず尻切れトンボに終わります。それらに頼らずとも回せる仕組み化こそが、ＰＤＣＡを回し続ける秘訣です。

最後に重要なのが、手帳です。実行するためには、実行するスケジュールをきちんと管理し、一日一日、時間をムダにすることなく行動するしかありません。そのために手帳が役立ちます。

どんなに素晴らしい経営方針を立てても、それを口が酸っぱくなるほど経営者が語っても、それで実行されるのはせいぜい２～３割でしかなく、１００％実行できる組織になるためには、日々手帳を使ってＰＤＣＡを回し続けるしかない。これが私の結論です。手帳を使ってＰＤＣＡを回し、繰り返し実行し続ければ、人も組織も着実に成長することができます。一年一年成長を積み重ねることで、数年前にはできなかったことができるようになる。まさに進化することができるのです。

２０１７年10月

松井忠三

松井忠三（まつい　ただみつ）

株式会社良品計画前会長、株式会社松井オフィス代表取締役社長

1949年、静岡県に生まれる。1973年に東京教育大学（現・筑波大学）卒業後、株式会社西友ストアー（現・西友）に入社。出向を経て1992年に株式会社良品計画に入社。初の減益となった直後の2001年に社長に就任し、わずか２年で会社をV字回復へと導いた。2008年に会長に就任。2010年に株式会社T＆T（現・株式会社松井オフィス）を設立したのち、2015年に会長を退任。

おもな著書に『無印良品は、仕組みが９割』『無印良品の、人の育て方』（ともにKADOKAWA）などがある。

無《む》印《じるし》良《りょう》品《ひん》のPDCA
一《いっ》冊《さつ》の手《て》帳《ちょう》で常《じょう》勝《しょう》経《けい》営《えい》を仕《し》組《く》み化《か》する！

第１刷　2017年11月30日
第５刷　2022年８月30日

著　者　松《まつ》井《い》忠《ただ》三《みつ》

発行人　小島明日奈

発行所　毎日新聞出版
〒102-0074
東京都千代田区九段南1-6-17　千代田会館5階
営業本部　03（6265）6941
図書第二編集部　03（6265）6746

印刷製本　中央精版

ISBN978-4-620-32474-6

既刊書のご案内

「やばいこと」を伝える技術

修羅場を乗り越え相手を動かすリスクコミュニケーション

西澤真理子

本体**1000**円（税別）
ISBN978-4-620-32464-7

企業の釈明会見から、
夫婦間のコミュニケーションまで……。
放っておけない「不都合な真実」の上手な伝え方

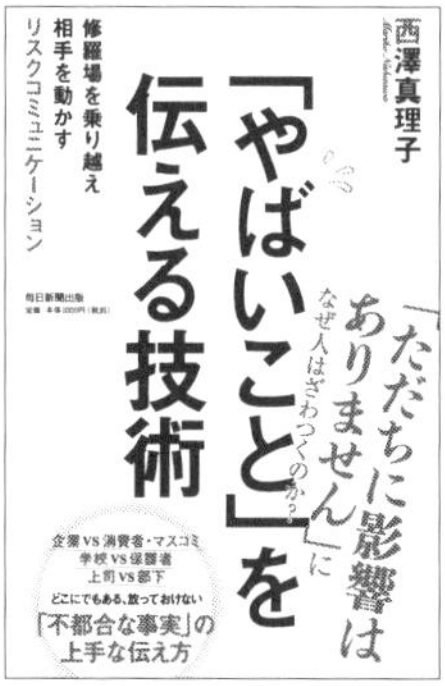

ただでさえコミュニケーションは難しいのに、伝えるべき内容が、リスクを含む「やばいこと」、相手にとって「不都合な真実」であれば、さらにその難易度はアップします。
本書はリスクコミュニケーションの専門家である著者が、具体的な方法を交え、相手に誤解なく正しい情報を伝える方法を解説します。